Sven Walter   **Kognition**

Traditionell wurde Kognition als derjenige Prozess verstanden, der zwischen Sinneseindrücken und Handlungen vermittelt. Diese traditionelle Auffassung fand ihren paradigmatischen Ausdruck Mitte des 20. Jahrhunderts im Computermodell des Geistes, das seinen Ursprung vornehmlich in der KI und der Philosophie hatte. Seit etwa 1990 jedoch geht es der Kognitionswissenschaft nicht mehr nur um Kognition im Sinne interner Prozesse, sondern man setzt voraus, dass Kognition situiert ist, dass also kognitive Prozesse wesentlich von unserem Körper sowie unserer Einbettung in und unserer Interaktion mit unserer natürlichen, technischen und sozialen Umwelt abhängen.

Sven Walter, geboren 1974, ist Professor für Philosophie des Geistes am Institut für Kognitionswissenschaft der Universität Osnabrück.
Buchveröffentlichungen u. a.: *Handbuch Kognitionswissenschaft* (Hg., zus. mit A. Stephan, 2013); *The Oxford Handbook of Philosophy of Mind* (Hg., zus. mit B. McLaughlin und A. Beckermann, 2011); *Mentale Verursachung* (2006).

Grundwissen Philosophie

Kognition

von
Sven Walter

Reclam

Wissenschaftlicher Beirat der Reihe
Grundwissen Philosophie:

Prof. Dr. Simone Dietz
Prof. Dr. Christoph Horn
Prof. Dr. Detlef Horster
Prof. Dr. Geert Keil
Prof. Dr. Corinna Mieth
Prof. Dr. Thomas Schmidt
Prof. Dr. Ludger Schwarte

RECLAM TASCHENBUCH Nr. 20356
Alle Rechte vorbehalten
© 2014 Philipp Reclam jun. GmbH & Co. KG, Stuttgart
Reihengestaltung Grundwissen Philosophie: Gabriele Burde
Umschlagabbildung vorn: Karl Blossfeldt: Columbiablatt
Umschlagabbildung hinten: © privat
Gesamtherstellung: Reclam, Ditzingen
Printed in Germany 2014
RECLAM ist eine eingetragene Marke
der Philipp Reclam jun. GmbH & Co. KG, Stuttgart
ISBN 978-3-15-020356-9

Auch als E-Book erhältlich

www.reclam.de

Inhalt

Vorwort 7
  1. Die traditionelle Auffassung von »Kognition« 11
  2. Kognition als Symbolverarbeitung 17
  3. Kognition als Aktivität in neuronalen Netzen 30
  4. Kognition als Prozess in dynamischen Systemen 41
  5. Situierte Kognition 51
  6. Die Rolle des Körpers: *Embodied Cognition* 55
  7. Die Rolle der Umwelt (I): *Embedded Cognition* 67
  8. Die Rolle der Umwelt (II): *Extended Cognition* 80
  9. Die Rolle des Sozialen: *Distributed Cognition* 90
10. Die Rolle der Interaktion: *Enacted Cognition* 98
11. Kognition, Emotion, Motivation 109
12. Zehn Thesen 116

Anmerkungen 122
Kommentierte Bibliografie 135
Schlüsselbegriffe 141
Zeittafel 144

Vorwort

Das Gehirn-Geist- bzw. Leib-Seele-Problem ist einer jener philosophischen Klassiker, die gerade im Lichte der modernen Naturwissenschaften wichtiger denn je geworden sind und den Sprung über die Grenzen der akademischen Welt hinaus in die Feuilletons geschafft haben. Es geht bei diesem Problem aber keineswegs nur um das Verhältnis von Gehirn und Geist, von Leib und Seele, sondern ganz allgemein um die Bedingungen unseres Menschseins: Was heißt es, ein denkendes, empfindungsfähiges und wertendes Wesen zu sein? Wie kann ein Akteur, der letztlich Teil einer rein physischen Welt ist, frei entscheiden und handeln? Wie kann er mehr als bloß ein Rädchen im mechanischen Getriebe dieser Welt sein, indem er vermittels seiner Entscheidungen und Handlungen aktiv Einfluss auf sie nimmt? Wie kann ein komplexes physisches System so etwas wie intentionale Einstellungen (Wünsche, Absichten, Überzeugungen usw.) mit einem spezifischen repräsentationalen Gehalt haben, der dafür aufkommt, dass sie (wie Überzeugungen) wahr oder falsch oder (wie Wünsche und Absichten) erfüllt oder unerfüllt sein können? Wie kann ein komplexes physisches System ein phänomenales Bewusstsein hervorbringen, das heißt erlebendes Subjekt jener mentalen Zustände sein, für die sich Thomas Nagels berühmte Frage stellen lässt, wie es ist, sich in ihnen zu befinden, also zum Beispiel einen stechenden Schmerz zu spüren, eine Zitrone zu schmecken oder eine Nelke zu riechen?
Philosophiegeschichtlich vergleichsweise alte Fragen dieser Art sind Gegenstand der Philosophie des Geistes, eines fest etablierten Bereichs der theoretischen Philosophie, der seit einigen Jahren aktiv den Anschluss an empirische Wissenschaften wie die Biologie, die Psychologie oder die Neurowissenschaft sucht. Im Gegensatz dazu ist die Philosophie der

Kognition, um eine Bemerkung von Howard Gardner aufzugreifen, zwar Zeuge einer langen Vergangenheit, kann selbst aber nur auf eine vergleichsweise kurze Geschichte zurückblicken. Die Auseinandersetzung mit den Fragen, die sie umtreibt, konnte überhaupt erst entstehen, als man Mitte des 20. Jahrhunderts begann, in interdisziplinären Forschungsprojekten jenen Aspekt unserer *conditio humana* empirisch in den Blick zu nehmen, der unsere Fähigkeit betrifft, Probleme möglichst intelligent und effizient zu lösen, indem wir unsere Umwelt *wahrnehmen*, uns an vergangene Lösungsversuche *erinnern*, aus gescheiterten *lernen*, dabei aus unseren Erfahrungen *Schlüsse ziehen*, neue Lösungsstrategien *planen* usw. Die Philosophie der Kognition versucht zu verstehen, wie natürliche oder künstliche Systeme – etwa Menschen, andere Tiere, Computersimulationen oder Roboter – beschaffen sein müssen, um kognitive Leistungen dieser Art vollbringen zu können: Welche Teile eines Systems oder seiner Umwelt tragen zu seinem intelligenten Verhalten bei und auf welche Weise? Was ist die Natur der seinen kognitiven Leistungen zugrunde liegenden materiellen Prozesse? Ist Kognition (auch oder ausschließlich) eine Sache von Berechnungsprozessen über symbolische Repräsentationen, wie sie zum Beispiel in Computern zu finden sind? Wenn ja, sind diese Berechnungsprozesse auf neuronale Strukturen beschränkt oder erstrecken sie sich über den ganzen Körper oder gar in die Umwelt eines Akteurs hinein? Wenn nein, beruhen kognitive Leistungen stattdessen auf komplexen Aktivierungsmustern in neuronalen Netzen und arbeiten entsprechend mit sogenannten subsymbolischen Repräsentationen? Oder hat Kognition am Ende überhaupt nichts mit Berechnungsprozessen und Repräsentationen zu tun und ist einfach eine Sache der dynamischen Gesamtorganisation eines körperlich auf bestimmte Weise verfassten Akteurs und seiner aktiven Einbindung in die ihn umgebende Umwelt?
Dieses Buch bietet einen Überblick über die aktuelle Theorienlandschaft in der Philosophie der Kognition und skizziert

die zentralen Positionen, Entwicklungen und Argumente. Zugleich bezieht es zu wichtigen Fragen pointiert Stellung und deutet so an, wo und wie es jenseits der Grenzen, die einer Einführung naturgemäß gesetzt sind, weitergeht. Um die rasante Diversifizierung zu verstehen, welche die Philosophie der Kognition derzeit erfährt, muss man zum einen mit der historischen Entwicklung der Kognitionswissenschaft vertraut sein, zum anderen aber auch zumindest mit den Grundzügen jener aktuellen Arbeiten aus ihren verschiedenen Bereichen, aus denen viele der heutigen Positionen und Argumente ihre Motivation beziehen. Auf rund 150 Seiten allen Aspekten einer immer feiner ziselierten Debatte gerecht zu werden, ist daher kaum möglich. Dieser Band kann mithin lediglich eine bescheidene Handreichung bieten, die als Grundlage einer weiteren, eigenständigen Auseinandersetzung dienen muss. Aus diesem Grund findet sich am Ende neben einer kommentierten Bibliografie auch ein vergleichsweise umfangreicher Anmerkungsteil mit Verweisen auf weiterführende Literatur.

Ein Buch ist selten, wenn überhaupt je, das Werk eines Einzelnen. Mein Dank geht zuallererst an Achim Stephan, mit dem zusammen ich diesen Band ursprünglich hatte verfassen wollen. Im Zuge der andauernden Umfunktionierung von Forschern und Hochschullehrern zu Wissenschaftsmanagern und unserer zunehmenden Degradierung zu Vasallen von Akkreditierungsagenturen und anderen bürokratischen Geißelungen deutscher Hochschulpolitik fehlten in den vergangenen Jahren jedoch Zeit und Konzentration für ein solches gemeinschaftliches Unterfangen.
Ungeachtet dessen bietet das Institut für Kognitionswissenschaft in Osnabrück ein interdisziplinäres Forschungsumfeld mit ausgezeichneten Kollegen und Studierenden und so eine Umgebung, die ebenso wie Achim Stephan ein unersetzliches *scaffold* (s. Kap. 7) war, ohne das der vorliegende Band nicht hätte entstehen können.

Mein Dank gilt schließlich auch Imke Biermann, Ngan-Tram Ho Dac, Sascha Fink, Gregor Hörzer und Carlos Zednik, die wie Achim Stephan das Manuskript oder Teile davon kommentiert und etliche Unzulänglichkeiten aufgedeckt haben, die meiner Aufmerksamkeit entgangen wären.

Osnabrück und Vrboska, im Juli 2013

1. Die traditionelle Auffassung von »Kognition«

Der Ausdruck »Kognition« hat keine klare Definition. Viele der in diesem Buch nachgezeichneten Kontroversen entstehen überhaupt nur deshalb, weil wir uns uneins darüber sind, was Kognition ist, wo in der Welt kognitive Prozesse ablaufen, wie kognitive Systeme strukturiert sind und was sie zu dem macht, was sie sind. Dieses Kapitel stellt das vor, was man die »traditionelle Auffassung von Kognition« nennen könnte. Es handelt sich dabei weniger um eine präzise Explikation des Kognitionsbegriffs als um eine Reihe historisch gewachsener und teils vager Abgrenzungen, die in nahezu keiner Hinsicht unumstritten sind. Die diversen Präzisierungsversuche, Einwände und Gegenentwürfe, zu denen diese traditionelle Auffassung geführt hat, sind Gegenstand der folgenden Kapitel.
Etymologisch geht der Ausdruck »Kognition« auf die lateinischen und griechischen Ausdrücke für erkennen, wahrnehmen oder wissen, »cognoscere« und »gignoskein«, zurück. Vor diesem sprachgeschichtlichen Hintergrund wurde Kognition oft mit Emotion und Motivation kontrastiert. »Alle Seelenvermögen oder Fähigkeiten«, so zum Beispiel schon Immanuel Kant 1790 in der Einleitung zur *Kritik der Urteilskraft*, »können auf die drei zurückgeführt werden, welche sich nicht ferner aus einem gemeinschaftlichen Grunde ableiten lassen: das *Erkenntnisvermögen*, das *Gefühl der Lust und Unlust* und das *Begehrungsvermögen*.«[1] Die Vermögenspsychologie des 19. Jahrhunderts griff diese Dreiteilung auf und identifizierte mit Erkenntnis, Gefühl und Wille schon jene geistigen Vermögen (*facultates mentales*), denen noch heute nachgesagt wird, zusammen die gesamte Bandbreite unseres geistigen Lebens abzudecken.[2] Kognitiv wären demnach also jene mentalen Phänomene, die nicht das Fühlen und Wollen,

sondern das Denken betreffen. Diese strikte Kontrastierung von Kognition mit Emotion und Motivation ist allerdings umstritten (s. Kap. 11). Vor allem aber sagt sie nichts darüber aus, was mit »Kognition« in diesem engen Sinne von »Denken« eigentlich gemeint ist.

Im Zusammenhang mit der Rede von Kognition wird Denken oft mit Problemlösen gleichgesetzt. Wir sind ständig mit Problemen unterschiedlichster Art konfrontiert, auf die wir angemessen und effizient reagieren müssen: Wir sehen, dass unser Gegner das Schachspiel mit einem Zug von e2 nach e4 eröffnet; wir haben gelernt, zuerst die Zentralbauern ins Spiel zu bringen, und planen, mit dem Springer das Zentrum zu sichern; wir erinnern uns, dass wir mit der Französischen Verteidigung schlechte Erfahrungen gemacht haben; wir wägen alternative Eröffnungen ab und entscheiden uns für Sizilianisch – wir ziehen von c7 nach c5. Oder: Wir sehen, dass es kurz nach sieben Uhr ist; da wir wissen, dass um acht die Gäste kommen, und wir die Menüfolge gut durchdacht haben, schließen wir, dass wir jetzt die Nachspeise kalt stellen und dann das Risotto aufsetzen sollten, damit wir, während es simmert, das Fleisch anbraten können – wir greifen zur Schüssel mit der Nachspeise, gehen zum Kühlschrank und bringen auf dem Rückweg den Reis mit. Episoden wie diese beginnen damit, dass Licht unterschiedlicher Wellenlänge auf unsere Netzhaut (Retina) trifft und auch andere Sinnesorgane stimuliert werden: Wir haben einen Sinneseindruck. Sie enden damit, dass sich unser Körper auf bestimmte Weise bewegt: Wir handeln. Traditionell wurden kognitive Prozesse als dasjenige angesehen, was zwischen Sinneseindrücken und Handlungen geschieht – beginnend mit der (Re-)Konstruktion einer subjektiv erlebten Wahrnehmung aus den Daten der Sinnesorgane, über das Erinnern, Planen, Schlussfolgern, Abwägen, Entscheiden usw. bis hin zur Initiierung der unser Handeln konstituierenden Körperbewegungen. Susan Hurley hat diese klassische Vorstellung von Kognition einmal als Sandwichmodell bezeichnet: Das zentrale kognitive System wird von den peripheren sensomotorischen Input- und Outputsystemen eingerahmt wie der Belag eines Sandwichs von den Weißbrotscheiben.[3]

Wenn Kognition zwischen sensorischen Eingangs- und motorischen Ausgangssignalen vermittelt, dann handelt es sich dabei um eine Art von *Informationsverarbeitung*. Unsere Wahrnehmung informiert uns beispielsweise darüber, dass Weiß von e2 nach e4 gezogen ist oder die Uhr kurz nach sieben zeigt, indem sie den relevanten Ausschnitt der Umwelt repräsentiert. Diese Information wird dann intern durch kognitive Prozesse so weiterverarbeitet, dass wir auf die Vorgänge in unserer Umwelt mit einem Output in Form einer (im Regelfall geeigneten) Handlung reagieren können. Die zentralen kognitiven Prozesse, die dazu beitragen, einen Input in einen angemessenen Output zu überführen, haben dabei ebenfalls Repräsentationen zum Gegenstand: Lernen ist immer Lernen von etwas, Erinnerungen sind immer Erinnerungen an etwas, Schlussfolgerungen immer Schlussfolgerungen von etwas auf etwas usw.

Im Zuge der Mitte des 20. Jahrhunderts aufkommenden Computerwissenschaft lag es daher nahe, Kognition in Analogie zur Arbeitsweise von Computern zu verstehen. Computer sind ebenfalls informationsverarbeitende Systeme, die durch algorithmische Berechnungsprozesse (*computations*) über interne Repräsentationen einen Input in einen Output überführen. Kognition, so die traditionelle Auffassung, ist also die Verarbeitung von Information, und zwar mittels der regelgeleiteten Transformation interner mentaler Repräsentationen durch geeignete Berechnungsprozesse.

Die Vorstellung, dass intelligentes Verhalten ohne Rekurs auf kognitive Prozesse, die zwischen sensorischem Input und motorischem Output vermitteln, nicht zu erklären ist, hat im Zuge der – unter anderem durch Noam Chomskys Kritik an Burrhus Skinners *Verbal Behavior* angestoßenen[4] – »kognitiven Wende« zu einer weiteren wichtigen Abgrenzung geführt: Das Adjektiv »kognitiv« zeigt manchmal den Unterschied an zwischen einer behavioristischen Reiz-Reaktions-Psychologie einerseits, für die Geist bzw. Gehirn eine Blackbox darstellen, zu der wissenschaftlich weder etwas gesagt werden kann noch muss, und der kognitiven Psychologie andererseits, die zur Erklärung intelligenten Verhaltens ausdrücklich informationsverarbeitende Strukturen und Berechnungsprozesse im Gehirn postuliert, die zwischen Reiz und Reaktion vermitteln (s. Kap. 2).

Wenn Kognition Informationsverarbeitung im skizzierten Sinne ist, dann, so der Grundgedanke der Anfang der 1960er-Jahre aufkeimenden Künstliche-Intelligenz-Forschung (KI), sollte es gleichgültig sein, wie die entsprechenden Berechnungsprozesse und Repräsentationen materiell, zum Beispiel im Gehirn, realisiert sind. Prinzipiell zumindest sollten kognitive Leistungen des Menschen auch in künstlichen Systemen wie Computerprogrammen oder Robotern implementiert, das heißt verwirklicht werden können. Unter anderem deshalb spielte die Erforschung der neuronalen Mechanismen, die unseren kognitiven Leistungen zugrunde liegen, zunächst eine eher untergeordnete Rolle. Heute hingegen sind die Neurowissenschaften ein ebenso zentraler Bestandteil der Kognitionswissenschaft wie die kognitive Psychologie, die KI oder die Informatik und tragen entscheidend zu einem umfassenden Verständnis der entsprechenden informationsverarbeitenden Prozesse bei. David Marr betonte die Notwendigkeit des Zusammenspiels dieser Disziplinen Anfang der 1980er-Jahre im Rahmen seiner einflussreichen Unterscheidung von drei Analyseebenen, auf denen informationsverarbeitende Systeme beschrieben und ihre Funktions- und Arbeitsweise erklärt werden können.[5]

Auf der obersten Ebene, der Rechenebene (*computational level*), wird laut Marr eine computationale Beschreibung der Aufgabe erstellt, etwa der Addition zweier Zahlen, der Umwandlung der Retinastimulation in eine dreidimensionale Wahrnehmung oder des Navigierens auf See. Zu diesem Zweck wird der für die Lösung der Aufgabe erforderliche Berechnungsprozess in Form einer mathematischen Funktion (das heißt einer eindeutigen Abbildung eines Inputs auf einen Output) beschrieben und gezeigt, dass sich mit dieser Funktion die Aufgabe lösen lässt. Auf der mittleren, der algorithmischen Ebene (*level of representation and algorithm*) wird das Repräsentationsformat von Input und Output spezifiziert und angegeben, welche Algorithmen das System verwendet, um die entsprechende Funktion zu berechnen. Während es also auf der obersten Ebene darum geht, *was* zu berechnen ist, geht es auf der mittleren Ebene darum, *wie* die Berechnung erfolgt. Auf der untersten Ebene, der Implementationsebene (*level of hardware implementation*), muss Marr zufolge gezeigt werden, wie die auf der mittleren Ebene beschriebenen Repräsentationen und Algorithmen in dem jeweils untersuchten System konkret implementiert sind und wie die postulierten Mechanismen (zum Beispiel mittels Neuronen oder Siliziumchips) die ihnen zugeschriebene Funktion erfüllen können.

Die traditionelle Auffassung von »Kognition« fand ihren paradigmatischen Ausdruck Mitte des 20. Jahrhunderts im sogenannten Computermodell des Geistes, das seinen Ursprung vornehmlich in der KI und der Philosophie hatte (s. Kap. 2). In der Folge wurde sie aufgrund von Entwicklungen in der KI und der Philosophie selbst, aber auch durch konvergierende Erkenntnisse aus den Neurowissenschaften, der Robotik oder der Entwicklungspsychologie zunehmend skeptisch betrachtet. In die Kritik geraten sind dabei, in unterschiedlichem Ausmaß und aus verschiedenen Gründen, vor allem die folgenden Annahmen und Thesen der traditionellen Auffassung: (1) Wahrnehmen ist etwas anderes als Handeln. (2) Sensorische und motorische Prozesse bilden nur den Input bzw. Output kognitiver Prozesse, sind selbst aber nicht Teil der eigentlichen kognitiven Maschinerie. (3) Kognitive Prozesse sind Berechnungsprozesse über interne Repräsentationen. (4) Körper und Umwelt kognitiver Systeme sind für deren kognitive Leistungen nur indirekt, als Medium, Quelle oder Schauplatz von Input und Output relevant. (5) Kognition spielt sich ausschließlich im Gehirn (bei künstlichen Systemen entsprechend in einer anderen zentralen Verarbeitungseinheit) ab.

Die folgenden Kapitel zeigen auf, wie und warum die traditionelle Auffassung von Kognition entstand, dann sukzessive modifiziert und schließlich nach und nach von Ansätzen abgelöst wurde, die auf ganz unterschiedliche Weise betonen, dass kognitive Prozesse wesentlich »situiert« sind und Kognition daher ohne eine explizite Betrachtung des Körpers, der natürlichen, technischen und sozialen Umwelt sowie der aktiven Interaktion mit ihr nicht zu verstehen ist.

2. Kognition als Symbolverarbeitung

Die historisch einflussreichste Konzeption kognitiver Prozesse versteht unter »Kognition« die formalen Regeln folgende Transformation symbolischer Strukturen, die ein System zu intelligentem Verhalten befähigt. Kognition ist demnach Informationsverarbeitung, genauer gesagt Symbolverarbeitung: Kognitive Prozesse sind Berechnungsprozesse, die interne symbolische Repräsentationen zum Gegenstand haben und in Analogie zu Computern einen Input in einen Output überführen. Der Geist, so diese Computermetapher, ist ein Programm, das heißt die Software, die im Menschen durch computational-repräsentationale Prozesse im Gehirn implementiert ist, in anderen, zum Beispiel künstlichen, Systemen aber ebenso auch durch eine andere Hardware verwirklicht sein kann.

Das Computermodell des Geistes prägt seit Mitte des 20. Jahrhunderts den Versuch, die Grundlagen unserer geistigen Leistungen zu verstehen. Zahllose erfolgreiche Erklärungen in der Kognitionswissenschaft fußen darauf, und selbst jene, die ihm in jüngerer Zeit kritisch gegenüberstehen, entwickeln die Alternativen dazu nahezu ausschließlich in Abgrenzung von seinen beiden zentralen Begriffen der Computation und Repräsentation. Warum aber verfiel man überhaupt auf den Gedanken, der menschliche Geist arbeite wie ein Computer? Die Ursprünge des Computermodells sind vielfältig und reichen unter anderem zurück bis zu Thomas Hobbes, der Vernunft als »eine Art von Rechnen« bezeichnete, und Gottfried Wilhelm Leibniz, für den Denken auf Ableitungen jener Art zurückführbar war, die er in seinem System logischen Schließens (dem *Calculus Ratiocinator*) beschrieb, sodass »Schließen und Rechnen dieselbe Sache« wird und rationale Dissense durch ein »Calculemus!« (»Lasst uns rechnen!«) aufgelöst werden können.[6] Mitte des 20. Jahrhunderts ließen zwei im Folgenden näher beleuchtete Entwicklungen das Computermodell des Geistes alternativlos erscheinen: (1) Erkenntnisse in der Logik, Informationstheorie und Computerwissenschaft kulminierten in der Erwartung, geistige Leistungen durch Simulation in künstlichen symbolverarbeitenden Maschinen besser verstehen zu können. (2) In der Psychologie etablierte sich mit dem Niedergang des Behaviorismus und der »Wiederentdeckung« mentaler Entitäten als legitimem Forschungsgegenstand einer wissenschaftlichen Psychologie die Überzeugung, geistige Leistungen seien durch die Aufdeckung jener unbewussten kognitiven Strukturen zu erklären, die ihnen auf einer subpersonalen Ebene zugrunde liegen.

Schon 1879 formulierte Gottlob Frege in seiner *Begriffsschrift* ein später von Bertrand Russell und Alfred North Whitehead in den *Principia Mathematica* weiterentwickeltes formales Regelsystem, dessen rein syntaktisch definierte Begriffe der Beweis- und Ableitbarkeit auf dieselben Klassen von Aussagen zutreffen wie die semantischen Begriffe der logischen Wahrheit und Folgerung. Der Nachweis, dass die Transformation uninterpretierter Symbole in einem solchen logischen Kalkül semantische Zusammenhänge zwischen normalsprachlichen Sätzen abbilden kann, war ein erster Meilenstein auf dem Weg zu einer formal-strukturellen Erklärung von Denkprozessen.

Ein weiterer wichtiger Schritt war 1936 Alan Turings Definition des Begriffs der Berechenbarkeit mithilfe einer sogenannten Turingmaschine. Eine Turingmaschine ist ein mathematisches Objekt, das sich als hypothetische Maschine veranschaulichen lässt. Sie besteht aus einem Speicherband mit potenziell unendlich vielen Feldern, von denen jedes zu jedem Zeitpunkt entweder leer ist oder genau ein Symbol enthält, sowie einem Lese- und Schreibkopf, der sich feldweise nach links und rechts bewegen kann. Eine Maschinentafel gibt abhängig vom internen Zustand (Z_1, Z_2, ...) und dem Input des Lesekopfes an, ob ein Symbol in das aktuelle Feld geschrieben oder die Maschine angehalten werden soll, ob (falls nicht angehalten wird) der Lese- und Schreibkopf nach links (L) oder rechts (R) bewegt werden soll und in welchen internen Zustand die Maschine anschließend überzugehen hat. Die folgende Maschinentafel beschreibt zum Beispiel eine Turingmaschine, welche die Zahlen drei und vier addiert, indem sie ein Speicherband der Form

    1   1   1   +   1   1   1   1   #

in eines der Form

    1   1   1   1   1   1   1   #   #

überführt. Dies tut sie, indem sie sich vom ersten Feld aus nach rechts bewegt und das + mit einer 1 und die letzte 1 mit dem Begrenzungszeichen # überschreibt[7]:

Input \ interner Zustand	Z_1	Z_2
1	1, R, Z_1	#, Halt
+	1, R, Z_1	
#	#, L, Z_2	

Eine auf natürlichen Zahlen definierte mathematische Funktion, so Turing, ist berechenbar, wenn sie turingberechenbar ist, das heißt, wenn es eine Turingmaschine gibt, die sie berechnen kann. Das Verhältnis zwischen dieser formalen Definition von Berechenbarkeit und einem intuitiven Berechenbarkeitsbegriff, wonach eine Funktion berechenbar ist, wenn es für ihre Lösung einen Algorithmus (*effective procedure*) gibt, ist Gegenstand der nach Alonzo Church und Turing benannten Church-Turing-These. Diese besagt, dass Funktionen genau dann algorithmisch berechenbar sind, wenn sie turingberechenbar sind. Da eine universelle Turingmaschine jede Turingmaschine simulieren kann[8], folgt aus der Church-Turing-These, dass eine Maschine alle vom Menschen algorithmisch berechenbaren Funktionen berechnen kann. Eine solche universelle Turingmaschine mit einem potenziell unendlich langen Speicherband kann daher all jene geistigen

Leistungen des Menschen bewerkstelligen, die wie zum Beispiel unsere Fähigkeit zur Addition darauf beruhen, dass wir einem Algorithmus folgen.

Die Grundlage für die Nachbildung geistiger Leistungen in realen (und nicht nur hypothetischen) Maschinen legte unter anderem Claude Shannon, der Begründer der Informationstheorie. Er fasste Information als binäre Größe auf, die der Wahl zwischen genau zwei Möglichkeiten entspricht und daher in Form von Bits (*binary units*) quantifiziert und unabhängig vom semantischen Gehalt und vom Medium repräsentiert werden kann. Information in diesem Sinne war daher auch durch ebenfalls binär arbeitende elektromechanische Relais zu implementieren, die auf diese Weise auf rein syntaktischer Basis logische Operationen ausführen konnten.[9] Damit war die bei Leibniz und in der modernen Logik antizipierte Automatisierung von Schlussfolgerungsprozessen Realität geworden und schritt mit der sich an John von Neumanns Beschreibung der Architektur moderner Rechner im Jahr 1945 anschließenden Entwicklung immer leistungsfähigerer digitaler Computer (letztlich real existierender Turingmaschinen mit endlichem Speicher) unaufhaltsam voran.

Aufbauend auf diesen Ideen präsentierten Allen Newell und Herbert Simon 1956 ihr Programm *Logic Theorist*, das selbstständig 38 Theoreme der *Principia Mathematica* bewies und dabei zum Teil elegantere Beweise fand als Russell und Whitehead. Ihr 1959 vorgestellter *General Problem Solver* sollte nicht nur Theoreme beweisen, sondern zum Beispiel auch Schach beherrschen und hatte als erstes KI-Programm das erklärte Ziel, menschliche Problemlösungsprozesse zu simulieren, also Aufgaben so anzugehen, wie Menschen es tun.[10]

Schon 1950 hatte Turing die Frage, ob Maschinen denken können, umformuliert zu der Frage, ob sie ein bestimmtes Imitationsspiel bestehen können: In diesem sogenannten Turingtest weiß ein Mensch nicht, ob er über Tastatur und Bildschirm mit einem anderen Menschen oder einer Maschine

kommuniziert. Gelingt es einer Maschine, in solchen Wortwechseln hinreichend oft für einen Menschen gehalten zu werden, so Turing, sollten wir ihr Intelligenz zusprechen.[11]
Vor diesem Hintergrund war die Kommunikation mittels natürlicher Sprache neben mathematischen Aufgaben und Denkspielen verschiedenster Art ein Hauptforschungsfeld der frühen KI. Joseph Weizenbaum zum Beispiel präsentierte 1966 mit *Eliza* ein Programm, das im Dialog einen Psychotherapeuten mimte, und Terry Winograd entwarf Anfang der 1970er-Jahre das Programm SHRDLU, das Sprachverständnis mit der Simulation von Handlungsplanung verband, indem es natürlichsprachliche Anweisungen interpretierte und entsprechend in einer virtuellen Umgebung farbige Bauklötze verschob.[12] Einfache Programme wie diese waren jedoch auf sogenannte Mikrowelten – auf eng umschriebene und wohldefinierte Ausschnitte der Welt – beschränkt und weit davon entfernt, allgemeine menschliche Intelligenz simulieren und so womöglich den Turingtest bestehen zu können.
Um diesem Ziel näher zu kommen, müssen künstliche Systeme offenbar mit einer ungeheuren Menge an Alltagswissen ausgestattet werden: Wenn wir hören, dass Anna gestern in der Mensa war, dann muss uns nicht explizit gesagt werden, dass sie sich ein Tablett, Besteck und Essen geholt, Besteck und Essen auf dem Tablett deponiert, bezahlt und gegessen hat. Künstlichen Systemen hingegen müssen diese für Erwachsene selbstverständlich gewordenen Wahrheiten über Mensabesuche ausdrücklich beigebracht werden. Stereotypische Informationen über Objekte, Eigenschaften oder Situationen wurden zu diesem Zweck in Rahmen (*frames*) bzw. Schemata (*scripts*) zusammengefasst.[13] Douglas Lenats seit 1984 laufendes Projekt *Cyc* ist der bislang umfangreichste Versuch, Alltagswissen wie »Man bezahlt Mensaessen« oder »Man stellt Teller auf die flache Seite des Tabletts« in für Maschinen auswertbarer Form zu codieren.[14]
Die Computer, auf denen solche Programme laufen, sind syntaktische Maschinen (*syntactic engines*), die bei der

Überführung von Inputs in Outputs ausschließlich von formal-syntaktischen Eigenschaften Gebrauch machen, dabei aber ausnutzen, dass diese semantische Zusammenhänge abbilden. In John Haugelands Worten: Sorgt man für die richtige Syntax, entsteht die Semantik von ganz allein.[15] Auch modernste Systeme, allgemeine kognitive Architekturen wie ACT-R oder *Soar* und hoch spezialisierte Expertensysteme für Mikrowelten, die beide dem Ideal der Simulation menschlicher Intelligenz offenbar wesentlich näher kommen als noch SHRDLU oder *Eliza*, fußen immer noch auf diesem Prinzip. Newell und Simon brachten dessen zentrale Idee 1976 in ihrer *Physical Symbol Hypothesis* auf den Punkt, die sogenannte physikalische Symbolsysteme – Maschinen (konkrete Implementierungen von Turingmaschinen), die geeignete Abfolgen von Symbolen hervorbringen – als notwendige und hinreichende Grundlage allgemeinen intelligenten Handelns identifiziert.[16]

Was aber spricht dafür, dass uns künstliche Systeme tatsächlich helfen können, die Grundlagen der geistigen Leistungen des Menschen zu verstehen? Selbst wenn sie Reaktionen zeigen, die von unseren nicht zu unterscheiden sind, folgt daraus nicht, dass auch wir nur syntaktische Symbolverarbeiter (*symbol cruncher*) sind. Ned Block zum Beispiel hat gegen den Turingtest als Maßstab von Intelligenz eingewendet, eine Maschine, die in einer astronomisch großen Datenbank alle in einer gegebenen Zeit sinnvoll führbaren Konversationen gespeichert hat und für ihre Antwort jeweils zufällig eine Zeichenfolge auswählt, die das bisherige Gespräch weiterführt, müsse in jedem Turingtest (einer bestimmten Dauer) ebenso gut abschneiden wie ein Mensch, verfüge allem Anschein nach aber nicht über einen Funken Intelligenz.[17] Ob ein System geistige Leistungen zeigt, hängt also offenbar nicht nur davon ab, *dass* Information verarbeitet wird, sondern auch davon, *wie* sie verarbeitet wird.

Selbst wenn man sich auf geeignete Architekturen beschränkt, können künstliche Systeme geistige Leistungen des Menschen also nur dann erhellen, wenn auch Letztere auf entsprechenden syntaktischen Operationen beruhen. Was spricht dafür?

Um die Jahrhundertwende dominierte in der Psychologie noch Wilhelm Wundts und Edward Titcheners introspektive Psychologie, die in den Inhalten des bewussten Erlebens den einzig legitimen Forschungsgegenstand sah. In der ersten Hälfte des 20. Jahrhunderts jedoch brandmarkte ein radikaler Behaviorismus bewusste mentale Zustände als unwissenschaftlich und verbannte sie zugunsten vermeintlich objektiv messbarer Reize und Reaktionen aus der Psychologie. Mentale Phänomene gelangten erst wieder in den Fokus, als die Unzulänglichkeit starrer behavioristischer Reiz-Reaktions-Erklärungen deutlich wurde. Der Psychologe Edward Tolman zum Beispiel trainierte Ratten darauf, in einem Labyrinth den kürzesten von drei Wegen zu einem Ziel zu nehmen; wurde dieser Weg anschließend so blockiert, dass zugleich auch der mittellange Weg kurz vor dem Ziel unpassierbar wurde, kehrten die Ratten zum Start zurück und nahmen sofort den längsten Weg, ohne den mittellangen auszuprobieren. Sie hatten sich offenbar eine interne Repräsentation (eine »mentale Karte«) des Labyrinths angeeignet.[18] Befunde dieser Art führten dazu, dass intelligentes Verhalten im Zuge der kognitiven Wende zunehmend wieder mithilfe mentaler Zustände erklärt wurde, die (durchaus im Einklang mit der behavioristischen Kritik am Introspektionismus) auf einer unbewussten Ebene zwischen Reizen und Reaktionen, Sinneseindrücken und Handlungen, zu vermitteln hatten. Da zudem Warren McCulloch und Walter Pitts 1943 dafür argumentierten, dass Netzwerke einfacher binärer Neuronenmodelle durch entsprechende Koppelungen jede turingberechenbare Funktion berechnen können (s. Kap. 3), lag es nur nahe, in den entsprechenden kognitiven Vermittlungsprozessen neuronal implementierte formal-syntaktische Berechnungsprozesse zu sehen.[19]

Aufgabe der Psychologie, so der Tenor der in den 1960er-Jahren aufkeimenden kognitiven Psychologie, musste es daher sein, jene unbewussten kognitiven Prozesse zu beschreiben und zu untersuchen, die aufgrund ihrer computationalen und repräsentationalen Eigenschaften die für intelligentes Verhalten erforderlichen geistigen Leistungen hervorbringen. Auf diese Weise beanspruchte die kognitive Psychologie, die Brücke zu schlagen zwischen der personalen Ebene intelligenten Verhaltens und der subpersonalen Ebene der diesem Verhalten zugrunde liegenden kognitiven Mechanismen.[20] Der sogenannte *Rules-and-representation*-Ansatz des Computermodells war damit unwiderruflich etabliert: Wie ein Computer soll auch das Gehirn eine syntaktische Maschine sein (ein physikalisches Symbolsystem im Sinne von Newell und Simon), die durch die formalen Regeln folgende sequenzielle Transformation repräsentationaler Zustände Inputs in Outputs überführt – und zwar nicht nur bei einfachen arithmetischen oder logischen Operationen, sondern auch bei komplexeren Problemen wie etwa dem Schachspiel oder der Extraktion von Form oder Entfernung eines Objekts aus den Daten des Retinabilds, wie zum Beispiel Marrs computationale Wahrnehmungstheorie als ein Paradebeispiel kognitivistischer Forschung eindrucksvoll demonstriert.[21]

Mit Blick auf seine Nähe zur frühen KI wird dieser sogenannte Kognitivismus oft auch als »Good Old-Fashioned Artificial Intelligence« (GOFAI) bezeichnet.[22] In der Philosophie hingegen spricht man üblicherweise von der computationalen bzw. repräsentationalen Theorie des Geistes. Die repräsentationale Theorie versteht mentale Zustände als Relationen zu Repräsentationen (wer glaubt, dass Anna Pianistin ist, der steht in der Relation des Glaubens zu einer mentalen Repräsentation von Anna) und kognitive Prozesse als mentale Operationen über diese Repräsentationen. Die computationale Theorie ist jener Spezialfall der repräsentationalen Theorie, der die fraglichen Operationen als symbolische und formale Berechnungsprozesse beschreibt: symbolisch, weil sie Repräsentationen zum Gegenstand haben, die mit den Ausdrücken einer Sprache vergleichbar sind, und formal, weil sie von semantischen Eigenschaften wie Wahrheit oder Bedeutung absehen und Repräsentationen nur aufgrund formal-syntaktischer Eigenschaften verarbeiten. Jerry Fodor zufolge kann die computationale Theorie nicht umhin, eine Sprache des Geistes (*language of thought*) als Medium dieser Berechnungsprozesse und als Repertoire der zu transformierenden Symbole zu postulieren.[23] Dieses »Mentalesisch« ist ein System interner symbolischer Repräsentationen, das wie eine natürliche Sprache strukturiert ist und daher Merkmale wie Produktivität (endlich viele Repräsentationen lassen sich in regelhafter Weise zu unendlich vielen komplexen Symbolen kombinieren, deren Bedeutung sich aus den Bedeutungen ihrer Teile ergibt) oder Systematizität (wer glaubt, dass Paul Anna liebt, der muss auch glauben können, dass Anna Paul liebt) aufweist. Nur wird Mentalesisch eben nicht gesprochen, sondern ist analog zum Symbolsystem eines Computers (also binären Bitmustern) durch die formal-syntaktische Struktur neuronaler Prozesse implementiert.

Für den Kognitivismus sprach neben seiner historisch gewachsenen Plausibilität vor allem, dass er eine Reihe klassischer Probleme zu lösen versprach. Insbesondere das Problem der mentalen Verursachung, also die Frage, wie mentale Zustände aufgrund ihres semantischen Gehalts in der physischen Welt kausal wirksam werden können, scheint sich nicht zu stellen: Da mentale Zustände (zum Beispiel in Fodors Sprache des Geistes) ihren semantischen Gehalt aufgrund ihrer formal-syntaktischen Struktur haben, können Kausalprozesse semantischen Eigenschaften Rechnung tragen, obwohl sie vordergründig nur für formal-syntaktische Eigenschaften sensitiv sind. So können physische Systeme auch für Gründe oder Rationalitätserwägungen empfänglich sein, ohne dass in ihrem Inneren ein sogenannter Homunkulus über das entsprechende semantische Verständnis verfügen muss: Es ist ganz einfach das System als Ganzes, das aufgrund seiner formal-syntaktischen Struktur semantisches Verständnis zeigt.

Das lange Zeit populärste Argument für den Kognitivismus hat Fodor einmal durch Lyndon B. Johnsons Aussage »I'm the only President you've got« auf den Punkt gebracht: Da kognitive Prozesse und ihr computational-repräsentationaler Charakter weder aus einer wissenschaftlichen Außen- noch aus einer subjektiven Innenperspektive heraus direkt zugänglich sind, handelt es sich dabei um theoretische Entitäten, deren Existenz (wie zum Beispiel auch bei subatomaren Teilchen in der Physik) nicht durch Beobachtung, sondern nur durch die explanatorische Fruchtbarkeit der jeweiligen Theorie belegt wird. Lange Zeit gab es aber schlicht keine alternative Erklärung intelligenten Verhaltens, die ohne repräsentationale Zustände und entsprechende Berechnungsprozesse ausgekommen wäre.[24] Dies änderte sich erst, als ab den 1980er-Jahren zunächst konnektionistische und schließlich dynamizistische sowie situierte Ansätze (s. Kap. 3–5) den Alleinigkeitsanspruch des Kognitivismus infrage stellten. Bis dahin konzentrierte sich die Kritik auf die offensichtlichen Beschränkungen künstlicher Systeme und die Frage, ob sie aufgrund ihrer Programmierung Intelligenz und Verständnis bzw. Semantik im eigentlichen Sinne tatsächlich selbst ausbilden (die These der starken KI) oder doch bestenfalls durch Simulation verstehen helfen können (die These der schwachen KI).

Das Rahmenproblem (*frame problem*) beispielsweise nimmt seinen Ausgang in der Frage, wie ein künstliches System Dynamiken logisch repräsentieren kann, ohne all jene Aspekte spezifizieren zu müssen, die trivialerweise gleich bleiben. In der KI gilt diese Schwierigkeit formal inzwischen als gelöst.[25] Philosophisch geht es darum, wie ein Akteur sein Überzeugungssystem effizient an die Folgen seiner Handlungen anpassen kann. Wenn wir ein Buch von A nach B legen, dann ist nicht nur das Buch an einem neuen Ort, sondern womöglich auch das darin befindliche Lesezeichen. Unsere diesbezüglichen Überzeugungen müssen also entsprechend revidiert werden, während zahllose andere so bleiben können, wie sie sind. Uns Menschen sagt unser Weltwissen, was relevant ist, ein künstliches System aber kann nicht für jeden Eintrag seiner Wissensdatenbank prüfen, ob er infolge einer Handlung revidiert werden muss, und es weiß auch nicht, welche relevant sind, ohne für jeden zu prüfen, ob er relevant ist.[26] Man kann versuchen, künstlichen Systemen (etwa in Form von *scripts*) stereotypisches Weltwissen zu vermitteln, das philosophische Rahmenproblem löst man damit aber anscheinend ebenso wenig wie durch die in den folgenden Kapiteln diskutierten alternativen Ansätze.[27]

Einen ähnlichen Einwand hat Hubert Dreyfus vorgebracht.[28] Er argumentiert in Anlehnung an die Phänomenologie Martin Heideggers, dass unser Sinn für Relevanz wesentlich ein auf unserer Interaktion mit der Welt beruhendes praktisches Wissen-wie ist (ein Wissen, wie man etwas macht), während symbolische Repräsentationen bloß ein abstraktes Wissen-dass zuwege bringen können (ein Wissen, dass etwas der Fall ist). Da die Welt als holistische Ganzheit für uns nur durch ein Handeln in ihr zu erfassen ist, erfordern Bedeutung und Intelligenz eine verkörperlichte menschenähnliche Existenz: Die atomistischen und von der Welt separierten inneren Repräsentationen des Kognitivismus müssen folglich bedeutungslos bleiben und sind daher ungeeignet, sinnhafte Beziehungen zwischen den Dingen der Welt einzufangen – eine Kritik, die später ganz ähnlich auch situierte Ansätze erheben sollten (s. Kap. 5).

John Searles Gedankenexperiment des Chinesischen Zimmers attackiert ebenfalls die Vorstellung, Maschinen könnten allein aufgrund ihrer Programmierung semantisches Verständnis zeigen: Eine Person, die kein Chinesisch versteht, befindet sich in einem Zimmer, in das drei Stapel chinesischer Texte sowie Anweisungen in englischer Sprache gereicht werden, die angeben, wie sich aus der Form der chinesischen Schriftzeichen in den Texten und ihren formalen Beziehungen untereinander weitere Zeichen ergeben, welche die Person zu notieren und nach draußen zu reichen hat. Bei den Texten handelt es sich um eine Geschichte, ein entsprechendes *script* sowie Fragen zu der Geschichte, und die nach draußen gereichten Zeichenfolgen verstehen chinesische Muttersprachler als Antworten auf die Fragen. Die englischen Anweisungen sind ein »Programm« im Sinne des Kognitivismus, dessen formale Regeln der Person in dem Zimmer chinesische Zeichen so zu transformieren erlauben, dass Antworten auf Fragen zu einer Geschichte in chinesischer Sprache entstehen, die von denen chinesischer Muttersprachler ununterscheidbar sind. Da die Person jedoch trotz allem keinerlei Chinesisch versteht, so Searle, ist die These der starken KI falsch: Formale Symbolverarbeitung allein reicht für jenes semantische Verständnis, das die (ununterscheidbaren) Antworten chinesischer Muttersprachler hervorbringt, nicht aus (kann es womöglich aber durchaus im Sinne der schwachen KI verstehen helfen). Searles kontrovers diskutiertes Argument[29] behauptet nicht, dass Maschinen per se kein semantisches Verständnis zeigen können (chinesische Muttersprachler sind Maschinen einer bestimmten Art), sondern dass sie es nicht nur deshalb können, weil sie entsprechend programmiert sind. Die richtige Syntax alleine ist also, anders als Haugeland behauptet hat, nicht hinreichend für Semantik. Eine Maschine, die zu semantischem Verständnis und echter »intrinsischer« Intentionalität statt bloßer »als-ob«-Intentionalität in der Lage sein soll, muss laut Searles sogenanntem biologischem Naturalismus eben nicht nur richtig programmiert sein, sondern auch eine Hardware aufweisen, die über ähnliche Kausalkräfte verfügt wie das menschliche Gehirn.[30]

Stevan Harnads *Symbol Grounding Problem* wirft ganz ähnlich die Frage auf, wie die repräsentationalen Zustände physikalischer Symbolsysteme eine intrinsische Bedeutung haben können, die nicht bloß von den »eigentlichen« Bedeutungen im Kopf externer Interpreten abhängt.[31] Dem Kognitivismus zufolge ergibt sich Bedeutung daraus, dass die entsprechenden Strukturen in der »richtigen« Beziehung zur Welt stehen.[32] Die skizzierten Einwände deuten jedoch darauf hin, dass das, was als »richtig« gilt, durch die rein formalen Aspekte der inneren Zustände und Berechnungsprozesse eines Systems allein nicht adäquat zu erfassen ist, solange seine spezifische körperliche Verfasstheit sowie seine wechselseitige Interaktion mit der es umgebenden Welt ignoriert werden.

Dieses Kapitel hat gezeigt, wie und warum sich das traditionelle Sandwichmodell von Kognition als informationsverarbeitendem Prozess herausbildete, der in Form symbolischer Berechnungen auf das Gehirn beschränkt ist, während alles jenseits der zentralen Strukturen zum peripheren sensomotorischen Input und Output gehört, aber nicht im eigentlichen Sinne kognitiv ist. Die folgenden Kapitel werden zunehmend deutlich machen, dass die größte Schwäche des Kognitivismus gerade in diesem rein abstrakten Verständnis von Kognition liegt.

3. Kognition als Aktivität in neuronalen Netzen

Methodologisch war die Kognitionswissenschaft unter dem Einfluss des Computermodells und der Vorherrschaft der klassischen KI zunächst von einem Top-down-Ansatz geprägt, der in computationalen Modellen seinen Ausgang nahm und erst über die algorithmische Zergliederung kognitiver Leistungen zu Fragen ihrer Implementation voranschritt. Anfänglich lag das Augenmerk daher auf deterministischen Problemen, für die sich eine entsprechende computationale Analyse anbietet, weil Anfangs- und Zielzustand klar definiert und die Problemlöseoperatoren überschaubar sind, zum Beispiel deduktives Schließen, Theorembeweisen oder die Lösung von Aufgaben wie dem Turm-von-Hanoi-Problem. Da Menschen bei der Anwendung logischer Schlussregeln und systematischen Suchen in großen Problemräumen schnell an ihre Grenzen stoßen, waren die immer leistungsstärkeren und spezialisierten digitalen Computer auf diesen Gebieten, die Menschen tendenziell eher schwerfallen, bald überlegen. Umgekehrt jedoch kamen sie sehr viel schlechter mit unvollständigem, mehrdeutigem und vagem Input zurecht und hatten Schwierigkeiten bei Generalisierungen (Induktion) und der Hypothesenbildung (Abduktion), sodass sie beispielsweise im Hinblick auf Leistungen wie Wahrnehmung, Kategorisierung oder die Verarbeitung natürlicher Sprache, die dem Menschen in der Regel vergleichsweise leichtfallen, dem Gehirn deutlich unterlegen waren.
Der Alleinigkeitsanspruch des Kognitivismus wurde untergraben, als in den 1980er-Jahren ein alternativer Bottom-up-Ansatz Erfolge zu feiern begann, der das Computermodell in seiner klassischen Form für physiologisch unrealistisch hielt und davon ausging, dass das Gehirn bei einigen Leistungen gerade deshalb im Vorteil ist, weil es keine sequenzielle Sym-

bolverarbeitung im Stile digitaler Computer betreibt. Statt aus computationalen Modellen gewonnene Regeln und Repräsentationen explizit in seriellen Systemen symbolisch zu codieren, setzte man unter dem Stichwort *Parallel Distributed Processing* (PDP)[33] in Anlehnung an informationsverarbeitende Strukturen im Gehirn auf parallel arbeitende Systeme, die sich die erforderlichen Regeln und Repräsentationen aufgrund ihrer Organisation implizit selbst aneignen. Diese sogenannten künstlichen neuronalen Netze sind hochgradig vernetzte Verbünde einfacher Verarbeitungseinheiten, die wie natürliche Neurone einen gewissen Aktivierungsgrad aufweisen und in Analogie zu deren synaptischer Aktivität andere Einheiten über gewichtete Verbindungen (*connections*) aktivieren oder hemmen können. Konnektionistische Systeme dieser Art können durch gezielte Anpassung ihrer Verbindungsgewichtungen anhand von Beispielen unter anderem lernen, Gesichter zu erkennen, Vergangenheitsformen von Verben zu bilden oder einfache Grammatikregeln zu verstehen.[34] Sie machen dabei ausschließlich von ihrer Struktur, den Eigenschaften der Verarbeitungseinheiten, den Verbindungsgewichtungen und der Dynamik der sich daraus ergebenden Aktivierungsmuster Gebrauch und müssen nicht wie GOFAI-Systeme auf vorgegebene Problemlöseoperatoren oder Kategorien zurückgreifen.

Schon im 19. Jahrhundert nahmen Alexander Bain und William James ein wichtiges Prinzip des Lernens in neuronalen Netzen vorweg, indem sie Lernen auf einen Assoziationsprozess zurückführten, der durch wiederholte Aktivierung die Verknüpfung zwischen Gehirnprozessen verstärkt (s. u.). In der Praxis trug diese Idee jedoch erst in der zweiten Hälfte des 20. Jahrhunderts Früchte. In den 1940er-Jahren beschrieben McCulloch und Pitts stark vereinfachte, binär arbeitende Neuronenmodelle, die inaktiv bleiben, solange sie ausdrücklich gehemmt werden oder die Summe ihrer Eingangswerte (je null oder eins) unter einem Schwellenwert bleibt, und erst aktiv werden, wenn dieser Schwellenwert überschritten wird.

Solche McCulloch-Pitts-Zellen können logische Operationen ausführen (eine Zelle mit Schwellenwert zwei und zwei Eingängen zum Beispiel implementiert ein *und*) und zu leistungsstarken Netzen verbunden werden.[35]

1958 stellte der Psychologe und Informatiker Frank Rosenblatt ein einschichtiges McCulloch-Pitts-Netz vor, das durch die flexible Gewichtung seiner Eingangs- und Schwellenwerte einen reellen Eingabevektor in einen binären Ausgabewert überführte und so als einfacher linearer Klassifikator diente, der seinen Input in zwei Klassen einteilt.[36] Dieses sogenannte Perzeptron findet die »richtigen« Gewichtungen mithilfe von Lernregeln anhand von Beispielen selbst heraus. Eine einfache, biologisch plausible Lernregel ist zum Beispiel die Hebb-Regel, wonach sich synaptische Verknüpfungen zwischen wiederholt gleichzeitig aktiven Neuronen verstärken.[37] Dieses Prinzip wird in künstlichen neuronalen Netzen verwendet, um die Gewichtungen so anzupassen, dass Verbindungen zwischen ähnlich aktiven Zellen mehr Gewicht und damit zukünftig größeren Einfluss auf die Aktivität des Netzes erhalten.

Spätestens mit Rosenblatt waren die Grundgedanken des modernen Konnektionismus im Wesentlichen artikuliert: Er hielt die Analogie zum digitalen Computer für biologisch unrealistisch und das Perzeptron für ein adäquateres Modell der Arbeitsweise des Gehirns, stellte statistische Korrelationen, Mustererkennung und Lernen über die Anwendung logischer Regeln und setzte auf parallel arbeitende neuronale Netze, die Information nicht mehr symbolisch, sondern durch komplexe Aktivierungsmuster repräsentieren. Allerdings zeigten Marvin Minsky und Seymour Papert in einer detaillierten mathematischen Analyse, dass der Trainingsaufwand von Perzeptronen schon bei einfachen Problemen kombinatorisch explodiert und sie wie McCulloch-Pitts-Zellen zwar vierzehn der sechzehn möglichen zweistelligen aussagenlogischen Operatoren realisieren können, aber nicht in der Lage sind, das *ausschließende oder* und seine Negation zu lernen.[38]

Zwar lässt sich diese Schwierigkeit mit mehrschichtigen Perzeptronen leicht beheben (ein *ausschließendes oder* zum Beispiel kombiniert *oder* und *und* so, dass das *und* das *oder* hemmt, wenn beide Eingänge aktiv sind), die Kritik von Minsky und Papert war jedoch so einflussreich, dass der Konnektionismus erst ab Mitte der 1980er-Jahre im Anschluss an die Arbeiten von David Rumelhart, John McClelland und ihren Kollegen zu mehrschichtigen neuronalen Netzen (wieder) eine ernst zu nehmende Alternative zum Kognitivismus wurde.

Mehrschichtige Netze bestehen aus einer Eingabe-, einer Ausgabe- und mindestens einer dazwischenliegenden verdeckten Schicht miteinander verbundener Einheiten (Knoten), die ihren Input mittels einer (oftmals nichtlinearen) Funktion aufsummieren, wobei jede Verbindung (Kante) individuell gewichtet wird. Nach einer Normierung durch eine sogenannte Transferfunktion ergibt sich daraus die positive oder negative Aktivität einer Einheit. Auf der Ausgabeschicht dient diese Aktivität als finaler Output, Einheiten anderer Schichten geben sie an die mit ihnen verbundenen Einheiten weiter und wirken dadurch aktivierend oder hemmend auf diese ein. In Feedforwardnetzen breitet sich die Aktivität dabei ausschließlich von der Eingabe- zur Ausgabeschicht aus, in Feedback- oder rekurrenten Netzen gibt es auch Verbindungen zu Einheiten derselben oder einer früheren Schicht.[39]

Wie ein einfaches Perzeptron passen solche Netze während einer Trainingsphase zunächst zufällige Verbindungsgewichtungen inkrementell an, bis sie eine bestimmte Menge von Eingabevektoren (die je nach Aufgabe für Buchstaben, Gesichter, Verben usw. stehen) hinreichend verlässlich in den entsprechenden Output, das heißt die gewünschten Kategorien (zum Beispiel Konsonanten und Vokale, Frauen und Männer, unterschiedliche Vergangenheitsformen), überführen können. Ist eine passende Gewichtungsverteilung gefunden, hat ein Netz diese Kategorien »gelernt« und kann sie auf unbekannte Exemplare desselben Typs übertragen.

Beim unüberwachten Lernen werden die Gewichtungen mittels einer allgemeinen Lernregel wie der Hebb-Regel angepasst, beim überwachten Lernen werden sie durch automatisierte Verfahren gezielt optimiert. Der ebenfalls Mitte der 1980er-Jahre wiederentdeckte Backpropagationsalgorithmus (auch Rückpropagierung genannt) etwa vergleicht den Output, den ein Netz für einen Beispielvektor ausgibt, mit dem erwünschten Output und errechnet aus der Differenz einen Fehlerwert, der im Netz »zurückpropagiert« und dazu verwendet wird, die Gewichtungen so anzupassen, dass sich die Differenz zwischen dem tatsächlichen und dem erwünschten Output verringert. Mithilfe eines großen Beispielkorpus und entsprechend vielen Iterationen dieses Prozesses wird der Fehlerwert so lange optimiert, bis das Netz einen stabilen Zustand erreicht, in dem es die intendierte Zielfunktion hinreichend genau gelernt hat und die gewünschten Kategorisierungen vornehmen kann.[40]

Terence Sejnowskis und Charles Rosenbergs Netz *NETtalk* zum Beispiel überführte geschriebenen englischen Text in gesprochenes Englisch, indem es den 26 Buchstaben des englischen Alphabets je eines von 79 Phonemen der englischen Sprache zuordnete (vgl. zum Beispiel die unterschiedliche Aussprache von »ou« und »gh« in »cough«, »dough«, »through« und »thought«!). Seine Ausgabeschicht hatte 26 Einheiten, die verschiedene Aspekte der 79 Phoneme codierten und über ein Soundsystem die Aussprache steuerten. Die verdeckte Schicht hatte 80 Einheiten, die Eingabeschicht sieben Gruppen mit je 29 Einheiten (für 26 Buchstaben sowie drei Satz- bzw. Leerzeichen), wovon die mittlere Gruppe für das auszusprechende Zeichen und die anderen sechs für den Kontext der je drei Zeichen links und rechts davon standen. Die insgesamt 18.629 Verbindungen wurden mittels Backpropagation gewichtet, bis das Netz bei einem Beispielkorpus von 1024 Worten nach nur 50 Durchgängen 95 Prozent der Grapheme richtig aussprach. Für unbekannten Text sank die Erfolgsquote zunächst auf 78 Prozent, konnte durch weiteres

Training, größere Beispielkorpusse oder elf statt sieben Eingabegruppen aber wieder auf über 95 Prozent gesteigert werden. Was bei einer klassischen Software mehrere Mannjahre an Programmierarbeit, eine Vielzahl konditionaler Ausspracheregeln und eine riesige Datenbank individuell erfasster Ausnahmen erfordert hatte, leistete *NETtalk* in kürzester Zeit, indem es selbstständig Kategorien wie Vokale oder Konsonanten sowie die phonetische Bedeutung von Wort- und Satzgrenzen »entdeckte« und Regeln der Graphem-Phonem-Zuordnung samt deren Ausnahmen »lernte«.[41]

Üblicherweise geht es bei kognitiven Leistungen jedoch nicht nur um die einmalige Klassifikation eines isolierten Inputs, sondern vor allem auch um den kontinuierlichen Umgang mit zeitlich strukturierten Phänomenen. Sprachverständnis zum Beispiel setzt die Verarbeitung voneinander abhängiger Wort- und Satzfolgen voraus, die Koordination von Bewegungen erfordert kontinuierliche Abfolgen von Motorbefehlen usw. Feedforwardnetze sind dafür ungeeignet, weil sie jeweils nur einen einzelnen Eingabevektor kategorisieren können und dann auf weiteren Input angewiesen sind (die Abfolge der Phoneme bei *NETtalk* etwa ist allein der Reihenfolge der Grapheme geschuldet, das Netz selbst ordnet immer nur ein Graphem einem Phonem zu). Damit neuronale Netze strukturierte Sequenzen erkennen bzw. generieren können, müssen sie über eine Art »Kurzzeitgedächtnis« verfügen, sodass ihre Aktivität nicht nur den aktuellen Input, sondern auch ihre früheren Zustände berücksichtigen kann. Die Rückkoppelungsstruktur rekurrenter Netze ermöglicht genau das, denn durch ihre zusätzlichen Feedbackschleifen können sie eine einmal vorhandene Aktivität auch dann wiederverwerten, wenn sie aktuell keinen neuen Input erhalten. Sogenannte Elman-Netze (einfache rekurrente Netze) zum Beispiel können ihren Zustand in einer Art Zwischenspeicher hinterlegen, indem ihre Eingabeschicht um Kontextzellen erweitert wird, die jeweils mit einer Einheit der verdeckten Schicht verbunden sind und deren Aktivität übernehmen, um sie beim nächsten Verarbeitungstakt mit dem neuen Input (sofern es welchen gibt) wieder an die verdeckte Schicht zurückzugeben.[42]

Der Konnektionismus distanzierte sich von einigen Aspekten des Kognitivismus, gab das Computermodell aber nicht vollends auf: Neuronale Netze arbeiten zwar parallel und nicht wie digitale Computer seriell, sind aber dennoch Computer, das heißt »Berechner«, und Kognition ist nach wie vor Informationsverarbeitung, nämlich die Überführung von Eingabe- in entsprechende Ausgabevektoren. Allerdings vertraut der Konnektionismus statt auf algorithmische Operationen und globale sprachlich-logische Transformationsregeln auf numerische Operationen in Gestalt individuell angepasster Summen- und Schwellenwertfunktionen, die lokal die Aktivität der Einheiten und die Gewichtung der Verbindungen berechnen. Anders als GOFAI-Systeme sind neuronale Netze auch nicht auf top-down gewonnene explizite Regeln angewiesen, sondern entdecken die für sie relevanten Prinzipien bottom-up, indem sie durch ihre Organisation und geeignetes Training auf implizite statistische Regelmäßigkeiten in ihrem Input reagieren.

Darüber hinaus arbeitet der Konnektionismus statt mit statischen symbolischen Repräsentationen mit dynamischen Aktivierungsmustern, deren atomare Komponenten nur subsymbolische Bedeutungen haben. Lokale Repräsentationen, etwa Einheiten der Eingabeschicht, die sich eindeutig einem Input zuordnen lassen (bei *NETtalk* zum Beispiel entspricht jede der je 29 Eingabeeinheiten einem Graphem), sind in konnektionistischen Systemen die Ausnahme. Abstraktere Merkmale (zum Beispiel die Unterteilung in Vokale und Konsonanten oder Graphem-Phonem-Regeln) werden üblicherweise durch komplexe Aktivierungsmuster, sogenannte verteilte Repräsentationen (*distributed representations*), eingefangen. Da diese sich über viele Einheiten erstrecken, die umgekehrt in mehrere Repräsentationen eingehen (bei *NETtalk* etwa waren bei jedem der 29 Inputs im Schnitt 20

Prozent der verdeckten Einheiten aktiv), ist der semantische Beitrag einzelner Einheiten zu verteilten Repräsentationen nicht mehr zu identifizieren: Sie stehen nicht für sprachlich fassbare Makroeigenschaften, sondern für grundlegende Strukturmerkmale (*microfeatures*). Aus diesem Grund handelt es sich dabei um Repräsentationen subsymbolischer oder vorbegrifflicher Art, die erst im Zusammenspiel mit anderen atomaren Einheiten symbolisch beschreibbare semantische Gehalte hervorbringen.[43]

Mit der Verwendung rekurrenter Netze verabschiedet sich der Konnektionismus zudem von stabilen repräsentationalen Strukturen, die gespeichert, wieder abgerufen und weiterverarbeitet werden können. Da die Aktivität solcher Netze immer auch von ihren vorangegangenen Zuständen abhängt, lassen sich höherstufigen Merkmalen keine eindeutigen Aktivierungsmuster zuordnen: Jedes Vorkommnis erfährt eine individuelle, von der bisherigen Aktivität abhängige Repräsentation, sodass diskrete repräsentationale Verarbeitungsschritte durch eine kontinuierliche Dynamik abgelöst werden, deren informationsverarbeitendes Potenzial wesentlich auch in der Art und Weise liegt, wie der aktuelle Zustand eines Systems dessen zukünftige Entwicklung bedingt (s. Kap. 4).[44]

Natürliche Neurone sind in ihrem Aufbau und ihrer Arbeitsweise komplexer und vielfältiger sowie über ihre Dendriten und Axone in der Regel stärker vernetzt als die Einheiten eines künstlichen neuronalen Netzes, denen sie als Vorbild dienen. Dennoch bilden neuronale Netze die hochgradig vernetzte Verbundstruktur des Gehirns besser ab als seriell arbeitende GOFAI-Systeme. Im Zusammenhang mit derartigen Überlegungen zur biologischen Plausibilität des Konnektionismus wird manchmal auch auf die sogenannte *100-Schritte-Bedingung* verwiesen: Da natürliche Neurone in der Größenordnung von Millisekunden operieren und kognitive Leistungen wie Wahrnehmung, Kategorisierung oder Sprachverarbeitung üblicherweise nur Sekundenbruchteile in Anspruch nehmen, dürften neuronal implementierte serielle Lösungen der entsprechenden Probleme kaum mehr als hundert einfache Programmschritte erfordern. Das ist jedoch selbst in den einfachsten Fällen unwahrscheinlich, und daher müssen Systeme, die zu solchen Leistungen fähig sind, Informationen offenbar parallel verarbeiten.[45]

Neuronale Netze sind auch flexibler und robuster als serielle Systeme. Zum einen kommen sie als Experten für Mustererkennung und -vervollständigung sehr gut mit verrauschten Daten und daher mit dem mehrdeutigen, vagen oder unvollständigen Input zurecht, der jenseits künstlich optimierter Mikrowelten die Regel ist. Zum anderen können sie über die Gewichtungsverteilung des ganzen Netzes den Ausfall einzelner Einheiten kompensieren. Unter suboptimalen Bedingungen lässt ihre Leistungsfähigkeit daher zwar nach, sie bleiben grundsätzlich aber erst einmal funktionsfähig (*graceful degradation*), während klassische Systeme unter vergleichbaren Bedingungen schnell komplett versagen (*catastrophic failure*). Schließlich sind neuronale Netze anders als klassische Systeme ausgezeichnete Generalisierer.[46] Sie können zum Beispiel lernen, Stühle zu erkennen, obwohl es für Stühle keinen abstrakten Kriterienkatalog in Gestalt individuell notwendiger und zusammen hinreichender Bedingungen der Art gibt, wie ihn klassische Systeme erfordern, indem sie anhand von Beispielen höherstufige Regularitäten entdecken und diese Muster dann auf nicht prototypische Instanzen übertragen.

Searle hat gegen den Konnektionismus eingewendet, die bloße Tatsache, dass parallel gearbeitet wird, ändere nichts daran, dass syntaktische Prozesse allein keine Bedeutung hervorbringen können (s. Kap. 2): Wenn sich im Chinesischen Zimmer statt einer einzelnen Person mit einer Bibliothek von Anweisungen eine Gruppe von Leuten befindet, die so interagieren, dass sie ein neuronales Netz imitieren, dann, so Searle, sprechen deswegen trotzdem weder die einzelnen Mitglieder noch die Gruppe als Ganzes Chinesisch.[47] Dieser

Einwand übersieht allerdings, dass der Konnektionismus nicht einfach eine alternative Implementierung einer Software ist, sondern mit einer anderen, biologisch realistischeren Hardware arbeitet, von der keinesfalls klar ist, dass auch ihr jene Kausalkräfte fehlen, die das menschliche Gehirn angeblich zu echter »intrinsischer« Intentionalität befähigen.
Andere werfen dem Konnektionismus vor, er widerspreche einer realistischen Interpretation propositionaler Einstellungen und damit der Alltagspsychologie, die voraussetze, dass Überzeugungen, Wünsche usw. funktional diskrete, semantisch interpretierbare und kausal wirksame Zustände (zum Beispiel in einer Sprache des Geistes) sind.[48] Da der Konnektionismus mit seinen dynamischen Aktivierungsmustern und verteilten Repräsentationen für solche Zustände offenbar keinen Raum lässt, wäre die Konsequenz eine für viele inakzeptable Elimination der Alltagspsychologie. Einerseits ist die Alltagspsychologie jedoch keineswegs unumstritten[49], andererseits ist auch nicht ausgeschlossen, dass sich zum Beispiel mittels Clusteranalysen in neuronalen Netzen die geforderten höherstufigen begrifflichen Strukturen finden lassen.[50]
Fodor und Zenon Pylyshyn identifizieren in ihrer Kritik am Konnektionismus zum einen eine Reihe vermeintlicher Probleme klassischer Systeme, zum Beispiel die 100-Schritte-Bedingung, ihre Schwierigkeiten bei der Mustererkennung und anderen nichtsprachlichen Leistungen, ihre geringe Fehlertoleranz oder ihre biologische Unangemessenheit. Da diese Probleme aber entweder ausschließlich Merkmale betreffen, die nicht per se charakteristisch für GOFAI-Systeme sind oder nur für derzeit gebräuchliche digitale Computer Bestand haben, lässt sich daraus ihrer Meinung nach jedoch kein Argument für die Überlegenheit des Konnektionismus ableiten.[51]
Zum anderen werfen sie umgekehrt dem Konnektionismus vor, er könne mit seinem Fokus auf Mustererkennung und Assoziation höherstufige begriffliche Leistungen nicht ein-

fangen und insbesondere der Tatsache nicht Rechnung tragen, dass sich die atomaren Komponenten von Sprache und Denken systematisch zu größeren bedeutungstragenden Einheiten kombinieren lassen (sodass zum Beispiel jemand, der glaubt, dass Paul Anna liebt, auch glauben kann, dass Anna Paul liebt, und jemand, der die Ausdrücke »rot« und »Auto« verwenden kann, auch den Ausdruck »rotes Auto« zu bilden imstande ist; s. Kap. 2). Die dynamischen und verteilten Repräsentationen des Konnektionismus, so Fodor und Pylyshyn, können diese Systematizität und Kompositionalität weder garantieren noch erklären.[52] Allerdings ist weder klar, dass der Kognitivismus eine bessere Erklärung anzubieten hat, noch lässt sich die Möglichkeit einer subsymbolischen Erklärung von Systematizität definitiv ausschließen.[53]
Kognitivismus und Konnektionismus sind letztlich verschiedene, aber nicht grundsätzlich unverträgliche Varianten des Computermodells (schließlich sind künstliche neuronale Netze in digitalen Computern implementiert), die mit unterschiedlichen Arten von Berechnungsprozessen und Repräsentationen arbeiten. Da sich ihre Stärken und Schwächen im Wesentlichen ergänzen, liegt es nahe, sie in sogenannten hybriden Architekturen zu vereinen.[54] Auch im Hinblick auf die anderen Aspekte der traditionellen Auffassung von Kognition (s. Kap. 1) unterscheiden sie sich kaum: Für beide ist Wahrnehmen etwas anderes als Handeln und jeweils nur Input bzw. Output kognitiver Prozesse, selbst aber kein Teil der zentralen, von Körper und Umwelt losgelösten kognitiven Maschinerie in einer zentralen Verarbeitungseinheit. Zu einem wirklich radikalen Bruch mit dem Computermodell und der traditionellen Auffassung von Kognition kam es erst mit dem Dynamizismus (s. Kap. 4) und situierten Ansätzen (s. Kap. 5).

4. Kognition als Prozess in dynamischen Systemen

Der Konnektionismus bestreitet zwar, dass kognitive Prozesse regelgeleitete Rechenoperationen über symbolische Repräsentationen sind, teilt aber grundsätzlich die computational-repräsentationale Grundausrichtung des Kognitivismus: Neuronale Netze sind keine symbolverarbeitenden digitalen Computer, aber trotzdem Computer (»Berechner«), die durch parallele Operationen an den einzelnen Knoten einen Input in einen Output überführen und dabei subsymbolische Repräsentationen hervorbringen. Zudem akzeptiert der Konnektionismus die Unterscheidung zwischen amodalen bzw. modalitätsunspezifischen neuronalen Prozessen im zentralen, eigentlich kognitiven System einerseits und Prozessen in peripheren sensomotorischen Systemen, dem restlichen Körper sowie der Umwelt andererseits.

Dieser gemeinsame Kern geriet in die Kritik, als in den 1990er-Jahren mit dem Dynamizismus eine generelle Skepsis gegenüber allen Arten von Berechnungsprozessen und Repräsentationen einsetzte, in deren Zuge sowohl digitale Computer als auch neuronale Netze als Modell des Geistes zurückgewiesen wurden und Kognition stattdessen als Prozess in dynamischen Systemen verstanden und entsprechend zu erklären versucht wurde.

Dynamische Systeme sind Systeme, die sich durch die Zeit hinweg systematisch verändern und sich mathematisch exakt mit der – auf Henri Poincaré zurückgehenden und im 20. Jahrhundert weiterentwickelten – Theorie dynamischer Systeme, einem Teilbereich der theoretischen Mathematik, beschreiben und analysieren lassen. Die sich ändernden Merkmale eines Systems fungieren dabei als Variablen, die seinen Zustand bedingen, die Gesamtheit aller möglichen Zustände bildet den sogenannten Zustandsraum. Da das Verhalten eines Systems letztlich eine Abfolge von Zustandsveränderungen ist, lässt es sich mithilfe von Gleichungen, üblicherweise Differenzialgleichungen, als Trajektorie, das heißt Pfad, durch einen Zustandsraum beschreiben. Der Zustandsraum eines Pendels zum Beispiel umfasst alle möglichen Kombinationen der Winkelgeschwindigkeit ω und des Winkels φ, und die Gleichung $\omega = d\varphi/dt$ beschreibt, wie sich ω im Laufe der Zeit in Abhängigkeit von φ verändert, das heißt, welche ihrer möglichen Werte ω und φ zu jedem Zeitpunkt t annehmen. Bei gekoppelten dynamischen Systemen, deren Komponenten wie zum Beispiel bei einem Doppelpendel miteinander interagieren, hängen einige Terme in den Entwicklungsgleichungen der Teilsysteme vom Verhalten anderer Teilsysteme ab. Auf diese Weise können im Prinzip sowohl die wechselseitigen Abhängigkeiten der Teilsysteme untereinander als auch das Verhalten des Gesamtsystems exakt beschrieben werden. Die entsprechenden Gleichungen sind allerdings oft schon für einfachste Systeme nicht mehr analytisch lösbar. Dennoch können dynamische Modellierungen, etwa im Rahmen der Synergetik, auch dann zum Verständnis komplexer Systeme beitragen, wenn der strikte mathematische Apparat der Theorie dynamischer Systeme aus Komplexitätsgründen nicht anwendbar ist.[55]

Dynamische Modellierungen bilden die Grundlage jenes Dynamizismus, der seit den 1990er-Jahren in der Philosophie der Kognition einen zum Teil radikal anticomputationalistischen und antirepräsentationalistischen Gegenpol zu den Grundannahmen klassischer Ansätze bildet. Tim van Gelder zufolge ist der Dynamizismus eine Kombination aus der metaphysischen These, dass kognitive Systeme dynamische Systeme sind, und der epistemischen These, dass sie sich mit dynamizistischen Begriffen und Methoden beschreiben und erklären lassen.[56] Die Unterschiede zwischen dynamizistischen und computationalen Erklärungen des Verhaltens komplexer Systeme lassen sich anhand eines Fliehkraftreglers illustrieren. Bei diesem sogenannten Watt-Governor handelt es sich um einen Regelmechanismus, mit dessen Hilfe das Schwungrad einer Dampfmaschine trotz ständig schwankender Dampfmenge konstant angetrieben werden kann.

Der folgende Algorithmus beschreibt eine computationale Lösung dieses Problems: Gemessen wird die Ist-Drehzahl U_i. Ist $U_i = U_s$, der Soll-Drehzahl, geschieht weiter nichts und U_i wird nach einiger Zeit erneut gemessen. Ist $U_i \neq U_s$, wird die Ist-Dampfmenge D_i gemessen und die für U_s erforderliche Dampfmenge D_s sowie die für D_s erforderliche Öffnung V_s des Dampfdurchlassventils errechnet; sodann wird V_s mit der tatsächlichen Öffnung V_i verglichen und V_i entsprechend angepasst; nach einiger Zeit wird U_i erneut gemessen. Diese algorithmische Lösung steht ganz in der Tradition des Computermodells: U_i, D_i und V_i sind interne Repräsentationen des Inputs, U_s, D_s und V_s repräsentieren die Zielzustände, und der Output ergibt sich aus der wiederholten Abarbeitung der algorithmisch spezifizierten Sequenz von Berechnungsschritten.

Der von James Watt 1788 entwickelte Fliehkraftregler funktioniert völlig anders. Am Schwungrad wird ein vertikales Gestänge mit zwei beweglichen Armen angebracht, die sich aufgrund ihres Gewichts und der Zentrifugalkraft heben und senken, wenn das Schwungrad schneller bzw. langsamer wird. Die Arme sind über einen Hebelmechanismus so mit einer Drosselklappe verbunden, dass der Dampfzufluss abnimmt, wenn die Arme sich heben, und zunimmt, wenn sie sich senken. Auf diese Weise pendelt sich das Schwungrad auf der gewünschten Drehzahl ein: Wird die Maschine zu langsam, senken sich die Arme, der Dampf nimmt zu und die Drehzahl steigt, mit steigender Drehzahl aber heben sich die Arme, der Dampf nimmt ab und die Maschine wird wieder langsamer usw.

Der wattsche Fliehkraftregler ist ein sogenannter Regelkreis mit negativer Rückkoppelung und van Gelder zufolge im Gegensatz zu dem oben beschriebenen algorithmisch arbeitenden Mechanismus kein computationales System, das die erforderliche Anpassung der Drosselklappe in irgendeinem substanziellen Sinne berechnet.[57] Zum einen gibt es offenbar keine Repräsentationen von Größen wie Drehzahl, Dampfmenge usw., die überhaupt als Grundlage eines Berechnungsprozesses dienen könnten. Zum anderen bestehen algorithmische Berechnungen in einer vorgegebenen Abfolge von Anweisungen zur Transformation von Repräsentationen (zuerst muss zum Beispiel U_i mit U_s verglichen, dann D_s errechnet werden usw.). Beim Fliehkraftregler hingegen scheint es nicht nur keine zu transformierenden Repräsentationen, sondern auch keine diskreten Transformationsschritte zu geben, das heißt keine einzelnen, in bestimmter Reihenfolge abzuarbeitenden Operationen: Statt zu sagen, dass erst die Drehzahl steigt, sich dann die Arme heben und sich danach die Drosselklappe schließt, kann man mit gleichem Recht sagen, dass sich erst die Drosselklappe öffnet, dann die Drehzahl steigt und sich anschließend die Arme heben. Anders als beim Computer gibt es hier keine »richtige« Reihenfolge. Der Fliehkraftregler ist vielmehr ein gekoppeltes dynamisches System, in dem die Entwicklung eines Teilsystems zu jedem Zeitpunkt von der Entwicklung anderer Teilsysteme abhängt und diese ihrerseits beeinflusst. Da sich Drehzahl, Position der Arme und Stellung der Drosselklappe kontinuierlich verändern und gegenseitig bedingen, sind keine einzelnen, sequenziell abzuarbeitenden Berechnungsschritte zu identifizieren.

Diese Überlegungen illustrieren das unterschiedliche Gewicht, das Computationalismus und Dynamizismus dem Faktor Zeit beimessen. In computationalen Systemen müssen die einzelnen Berechnungsschritte zwar nacheinander und in insgesamt angemessener Zeit erfolgen, sind sonst aber zeitlich unabhängig. Für das Öffnen des Ventils ist es zum Beispiel unerheblich, wie lange die Messung von D_i oder die Berechnung von D_s dauert. Die Teilsysteme eines dynamischen Systems hingegen sind stets zeitlich gekoppelt. Wie lange es dauert, die Drosselklappe zu schließen, hängt unter anderem davon ab, wie sich die Position der Arme verändert, und beeinflusst seinerseits, wie lange es dauert, bis die Drehzahl sinkt. Zeit ist für dynamische Systeme also ein wesentlicher Faktor.[58] Daher sind die Differenzialgleichungen des Dynamizismus, welche die Koppelung mehrerer, sich kontinuierlich und gleichzeitig verändernder sowie gegenseitig beeinflussender Komponenten einfangen können, den sequenziellen Beschreibungen des Computationalismus, die diskrete und zeitlich separierbare Berechnungsschritte erfordern, bei der Beschreibung solcher Systeme überlegen.

Aus der bloßen Tatsache, dass der Computationalismus das Verhalten des Fliehkraftreglers nicht adäquat beschreibt, folgt aber natürlich nicht, dass der Dynamizismus richtig und der Fliehkraftregler, wie van Gelder behauptet, als Paradigma für die Arbeitsweise kognitiver Systeme einschlägiger als eine Turingmaschine ist.[59] Warum sollte das, was für den Fliehkraftregler gilt, auch für kognitive Systeme gelten?

Die These, dass kognitive Systeme analog zum Fliehkraftregler dynamische Systeme sind, wird zum einen durch theoretische Erwägungen, zum anderen durch praktische Erfolge bei der dynamischen Modellierung kognitiver Leistungen untermauert.

Aus theoretischer Sicht spricht für den Dynamizismus erstens die Tatsache, dass offenbar auch kognitive Systeme kontinuierlichen Veränderungen unterliegen, die sich nicht auf algorithmisch spezifizierbare Sequenzen diskreter Berechnungsschritte reduzieren lassen. Im Gehirn etwa gibt es kein striktes Nacheinander von Operationen, sondern kontinuierlichen Veränderungen unterworfene Interaktionen von Bottom-up- und Top-down-Prozessen. Die für den Kognitivismus und Konnektionismus charakteristische Vorstellung starrer Wahrnehmen-Denken-Handeln-Zyklen ist ebenfalls problematisch, da Wahrnehmen und Handeln viel enger miteinander verwoben zu sein scheinen: Manchmal handeln wir, um überhaupt bestimmte Wahrnehmungen machen zu können, die wiederum neue Handlungsmöglichkeiten eröffnen, die ihrerseits unsere Wahrnehmung beeinflussen usw. (s. Kap. 7). Auch in diesen Fällen sind dynamische Modelle sequenziellen Beschreibungen also offenbar überlegen.

Zweitens scheinen Kognitivismus und Konnektionismus unrecht zu haben, wenn sie in Körper und Umwelt lediglich kontingente Interaktionspartner des Gehirns sehen, von denen grundsätzlich abstrahiert werden könne, weil Kognition auf das Gehirn beschränkt sei. Gehirn, Körper und Umwelt interagieren nicht nur, sondern bilden ein komplexes gekoppeltes System, dessen Teile in Isolation voneinander, ohne Berücksichtigung simultaner Veränderungen in anderen Komponenten, gar nicht zu verstehen sind. Ebenso wie der Regelungsprozess des Fliehkraftreglers nicht in einer zentralen Recheneinheit stattfindet, haben kognitive Prozesse ihren Platz nicht ausschließlich im Gehirn, sondern entstehen in der dynamischen Interaktion von Gehirn, Körper und Umwelt (s. Kap. 8 und 10).[60]

Drittens lässt sich die Interaktion von Gehirn, Körper und Umwelt mit einem Ansatz, der sie einheitlich als gekoppelte dynamische Systeme auffasst, die zusammen ein dynamisches Gesamtsystem bilden, augenscheinlich besser erklären als mit einem Ansatz, der das Gehirn computational modelliert, Körper und Umwelt hingegen dynamizistisch.[61]

Viertens scheinen kognitive Systeme dieselbe Art von Selbstorganisation aufzuweisen wie dynamische Systeme.[62] So wie sich der Regelungsprozess des Fliehkraftreglers aus der Organisation des Gesamtsystems ergibt, entstehen offenbar auch kognitive Leistungen aus der Selbstorganisation eines Gehirn, Körper und Umwelt umspannenden dynamischen Systems.

Die Entwicklungspsychologinnen Esther Thelen und Linda Smith argumentieren zum Beispiel überzeugend dafür, dass traditionelle Erklärungen der Entwicklung des Laufverhaltens von Neugeborenen, die sich auf einen allgemeinen Kontrollmechanismus in Form eines genetisch verankerten Entwicklungsplans stützen, sowohl unzulänglich als auch überflüssig sind. Das Laufverhalten emergiert vielmehr aus der spontanen Selbstorganisation von neuronalen, körperlichen sowie Umweltfaktoren, etwa dem Gewicht der Beine, der Stärke der Muskeln oder dem Tretwiderstand.[63]

Ähnliches gilt für den sogenannten A-nicht-B-Suchfehler. Versteckt man vor den Augen eines Kindes ein Objekt an Ort A, sucht es natürlich an A. Versteckt man das Objekt nach einigen Wiederholungen statt an A an B, suchen Kinder im Alter von etwa sieben bis zwölf Monaten weiterhin an A. Im Anschluss an Jean Piaget wurde dieser Fehler traditionell einem unvollständig ausgeprägten Begriff der Objektpermanenz oder Fehlleistungen der zentralen Handlungsplanung zugeschrieben.[64] Dem widerspricht jedoch, dass die Fehlerquote unter anderem davon abhängt, wie viel Zeit zwischen Verstecken und Suchen liegt, wie auffällig das Versteck an B ist und ob die Suche an B dieselben Bewegungen erfordert wie die Suche an A. Wäre ein unvollständiger Begriff der Objektpermanenz oder ein defizitärer Handlungsplan die Ursache, sollte es egal sein, ob B näher ist als A oder das Versteck an B auffälliger ist usw. Thelen und Kollegen teilen van Gelders Antirepräsentationalismus sowie seine Auffassung, dass die Interaktion verschiedener Teilsysteme durch die Zeit hinweg wichtiger ist als interne Berechnungsprozesse.[65] In ihren Augen ist das zum A-nicht-B-Suchfehler führende Verhalten unabhängig von Objektrepräsentationen und zentralen Planungsprozessen und eine computationale Erklärung nicht nur schwer mit den empirischen Fakten in Einklang zu bringen, sondern auch nicht notwendig, da das Verhalten des Kindes ebenso emergiert wie der Regelungsprozess des Fliehkraftreglers: Es ergibt sich aus der selbstorganisierenden Interaktion verschiedener Aspekte der körperlichen Aktivität des Kindes, zum Beispiel aus seiner Erinnerung an vergangene Bewegungsmuster, seiner Körperhaltung oder der Salienz (Auffälligkeit) des Reizes. Der A-nicht-B-Suchfehler entsteht demnach deshalb, weil durch das wiederholte Verstecken an

A eine Handlungstendenz geschaffen wird, die durchbrochen werden muss, und dieses Durchbrechen gelingt umso leichter, je näher oder auffälliger B ist, je schneller das Kind suchen darf usw.

Hermann Haken, Scott Kelso und Heinz Bunz haben ein mathematisches Modell zur quantitativen Beschreibung und Erklärung sogenannter Phasenübergänge bei koordinierten Bewegungen (zum Beispiel Winken mit den Armen, Schwingen mit den Beinen) entwickelt, bei denen sich die Glieder symmetrisch (mit relativer Phase 0) oder antisymmetrisch (mit relativer Phase ±π) bewegen können.[66] Das Vektorfeld dieses später verallgemeinerten Haken-Kelso-Bunz-Modells, das die Entwicklung der relativen Phase φ durch die Gleichung $d\varphi/dt = -A \sin \varphi - 2B \sin 2\varphi$ bestimmt, hat bei geringen Geschwindigkeiten zwei Attraktoren (das heißt Stabilitätspunkte im Zustandsraum, in die ein System konvergiert) bei relativer Phase 0 und ±π, bei höheren hingegen nur den bei relativer Phase 0. Mit anderen Worten: Das HKB-Modell sagt voraus, dass bei geringen Geschwindigkeiten nur das symmetrische und das antisymmetrische Bewegungsmuster stabil sind und das symmetrische ab einer kritischen Geschwindigkeit instabil wird. Genau das lässt sich zum Beispiel bei Fingerbewegungen experimentell bestätigen.[67] Auch hier sind die Phasenübergänge das Resultat der Selbstorganisation eines dynamischen Systems mit interagierenden Teilsystemen und lassen sich auch ohne zentrale Kontrolleinheit, die mithilfe von Repräsentationen der Gliedmaßen deren Bewegung überwacht, vorhersagen und erklären.

Die radikale Repräsentationsskepsis des Dynamizismus wird unter anderem von William Bechtel kritisiert. Bechtel argumentiert dafür, dass im Fliehkraftregler der Winkel der Arme systematisch mit der Geschwindigkeit variiert, daher die Drosselklappe über die aktuelle Geschwindigkeit informieren kann und diese mithin repräsentiert. Van Gelder hat jedoch gegen Bechtel eingewendet, dass erstens Korrelation nicht Repräsentation ist, zweitens Winkel und Geschwindigkeit nur annähernd korrelieren, weil die Arme nur verzögert auf Geschwindigkeitsänderungen reagieren, und drittens die Geschwindigkeit ebenso vom Winkel abhängt wie umgekehrt.[68] Allerdings lässt sich offenbar immer ein entsprechend schwacher Repräsentationsbegriff formulieren, der auch auf dynamische Systeme und generell jedes Modell von Kognition anwendbar ist.[69] Das zeigt aber nur, dass die metaphysische These des Dynamizismus uninteressant ist: So wie grundsätzlich jedes, eo ipso also auch jedes kognitive, System als dynamisches System beschreibbar ist, so lässt sich mit einem entsprechend schwachen Repräsentationsbegriff jedes kognitive System als repräsentationales System beschreiben. In diesem Sinne »sind« kognitive Systeme also ebenso dynamisch wie repräsentational. Viel entscheidender ist die explanatorische These: Eine repräsentationale Beschreibung des Fliehkraftreglers hat anscheinend keinen zusätzlichen Erklärungswert, da sich sein Zustand ja für jeden beliebigen Zeitpunkt mittels entsprechender Entwicklungsgleichungen vorhersagen lässt.[70] Weil die Postulierung von Repräsentationen immer an die Erklärungskraft der entsprechenden Theorie gebunden ist (s. Kap. 2), untergräbt der Dynamizismus mit dem Alleinigkeitsanspruch des Computationalismus also auch die angebliche Unverzichtbarkeit von Repräsentationen.

Dem Dynamizismus hingegen wird vorgeworfen, er könne bestenfalls jene einfachen, nur im rudimentären Sinne kognitiven Leistungen modellieren, die sich in dynamischen Echtzeitinteraktionen mit der Umwelt vollziehen und laut Rodney Brooks den eigentlichen Kern der Leistungen intelligenter Systeme ausmachen (s. Kap. 6), scheitere aber bei höherstufigen Leistungen.[71] Wie soll ein kognitives System zum Beispiel allein durch die Interaktion mit seiner aktuellen Umwelt und ohne Repräsentationen und Planungsprozesse Probleme lösen, die eine Einschätzung kontrafaktischer Sachverhalte erfordern, also etwa beim Schach drei Züge vorausdenken, Ziele für den kommenden Urlaub abwägen oder »im

Geiste« geometrische Formen rotieren?[72] Der Dynamizismus muss auch solche klassischen kognitiven Fähigkeiten modellieren können, möchte er den Vorwurf vermeiden, sich mit seiner Hinwendung zu zweibeinigem Laufen oder rhythmischen Fingerbewegungen nicht länger mit Kognition im strengen Sinne zu beschäftigen und damit auch keine Alternative zu computationalistischen Ansätzen darzustellen, sondern schlicht das Thema zu wechseln.

Die Frage, warum etwa zweibeiniges Laufen oder rhythmische Fingerbewegungen als kognitive Leistungen anzusehen sein sollten, ist umso dringlicher, als nicht alle dynamischen Systeme kognitive Systeme sind und der Dynamizismus daher anscheinend kaum einfangen kann, was an kognitiven Systemen eigentlich das charakteristisch Kognitive ist. Computationalistische Ansätze haben eine klare Vorstellung davon, was Kognition ist, das heißt, durch welche Art von Mechanismen kognitive Leistungen implementiert sind, und können so neue Phänomene vorhersagen und diese Hypothesen überprüfen. Beim Dynamizismus hingegen ist unklar, wie er in Ermangelung einer Theorie von Kognition, die über die bloße Beschreibung der zeitlichen Entwicklungen kognitiver Systeme hinausgeht, neue Phänomene vorhersagen und diese Vorhersagen konkret überprüfen kann.[73] Ungeachtet dessen hat er sich als anticomputationalistische und antirepräsentationalistische Alternative zu klassischen Positionen fest etabliert und bildet zusammen mit den situierten Ansätzen, die im Mittelpunkt der folgenden Kapitel stehen, den Kern der sogenannten Kognitionswissenschaft zweiter Generation.[74]

5. Situierte Kognition

Dem Kognitivismus zufolge besteht Kognition in der sequenziellen und allgemeinen Regeln folgenden Transformation symbolischer Repräsentationen. Der Konnektionismus modifiziert beide Aspekte, gibt sie aber nicht völlig auf: Aktivierungsmuster in neuronalen Netzen folgen zwar keinen expliziten globalen Regeln, beruhen lokal aber immer noch auf parallel an den einzelnen Knoten stattfindenden numerischen Operationen und sind zumindest subsymbolische bzw. verteilte Repräsentationen. Der Dynamizismus hingegen wendet sich ausdrücklich gegen beide Grundpfeiler der traditionellen Ansätze und räumt Berechnungsprozessen und Repräsentationen – ganz gleich, ob global oder lokal, symbolisch oder subsymbolisch – bei der Erklärung intelligenten Verhaltens bestenfalls eine untergeordnete Rolle ein.

Der Konnektionismus teilt mit dem Kognitivismus auch andere Aspekte der traditionellen Auffassung von Kognition: Für beide ist Kognition dasjenige, was in einer zentralen Verarbeitungseinheit Inputs in entsprechende Outputs überführt, während periphere sensorische und motorische Systeme unabhängig voneinander den Input bereitzustellen bzw. den Output umzusetzen haben, selbst aber ebenso wenig als kognitiv gelten wie Körper und Umwelt als Medium bzw. Quelle und Schauplatz dieses Inputs und Outputs. Diese Dreiteilung in sensorischen Input, motorischen Output und die »eigentliche« kognitive Maschinerie sowie die damit einhergehende Herabstufung von Körper und Umwelt wurde Ende der 1980er-Jahre nicht nur vom Dynamizismus kritisiert. Weder klassisch computationalistisch-repräsentationale noch dynamizistische Ansätze, so war zu dieser Zeit aus vielen Teilgebieten der Kognitionswissenschaft zu vernehmen, können der Natur kognitiver Prozesse gerecht werden, solange sie ausschließlich interne Prozesse in den Blick nehmen und damit ignorieren, dass Kognition in dem Sinne situiert ist, dass kognitive Prozesse wesentlich von unserem Körper sowie unserer Einbettung in und unserer Interaktion mit der natürlichen, technischen und sozialen Umwelt abhängen. Die These, dass Kognition situiert ist, ist bislang allerdings weniger Ausdruck eines wohldefinierten und einheitlichen Forschungsprogramms als vielmehr der kleinste gemeinsame Nenner eines mehr oder minder losen Verbunds philosophischer Erwägungen, empirischer Studien, psychologischer Modelle und kognitionswissenschaftlicher Anwendungen. Im Kern geht es diesen in den folgenden Kapiteln näher beleuchteten Ansätzen darum, dass kognitive Prozesse zu verstehen auch und gerade heißt, den folgenden Tatsachen Rechnung zu tragen: Kognition ist kein ausschließlich neuronaler Prozess, sondern kann an unsere je spezifische körperliche Verfasstheit gebunden (Kap. 6) und auf charakteristische Weise von unserer Umwelt abhängig sein (Kap. 7), sich über die Grenzen unseres Körpers hinaus in die technische bzw. soziale Umwelt erstrecken (Kap. 8 und 9) und schließlich überhaupt erst in der Interaktion mit der Umwelt entstehen (Kap. 10).

Terminologisch herrscht in den philosophischen und empirischen Debatten um situierte Kognition leider weitgehend Uneinigkeit. Nicht nur bleibt oft unklar, was mit den diversen Begrifflichkeiten im Einzelnen gemeint ist, es ist auch nach wie vor unklar, wie sich die entsprechenden Ansätze im Detail zueinander verhalten. Der Sache nach eint sie jedenfalls das gemeinsame Ziel, der Kognitionswissenschaft eine Auffassung von Kognition zugrunde zu legen, die der Tatsache Rechnung trägt, dass das Gehirn, obwohl ihm im Hinblick auf unsere kognitiven Leistungen unbestritten eine zentrale Rolle zukommt, sich immer auch in einem Körper befindet, der mit der Umwelt interagiert.[75] Umstritten ist lediglich, wie ein entsprechend ganzheitlicher Ansatz von Gehirn, Körper und Umwelt im Detail auszusehen hat. Auf vier zentrale Überlegungen, die jeweils zumindest einige situierte Ansätze zu einer mehr oder weniger starken Abkehr von den traditionellen Positionen veranlasst haben und im Mittelpunkt der folgenden Kapitel stehen werden, sei einleitend kurz hingewiesen.

(1) Für situierte Ansätze findet Kognition nicht nur losgelöst von Körper und Umwelt, gewissermaßen »offline«, zwischen sensorischen Eingangs- und motorischen Ausgangssignalen im Gehirn statt, sondern entsteht vor allem auch »online« im Zuge der sich in kontinuierlichen Wahrnehmen-Handeln-Zyklen vollziehenden reziproken Interaktion mit der Umwelt.

(2) Entsprechend treten »abstrakte« Probleme wie Sprachverstehen, Schlussfolgern oder Planen, welche die Kognitionswissenschaft erster Generation geprägt haben, oftmals in den Hintergrund. Die Aufmerksamkeit der Kognitionswissenschaft zweiter Generation richtet sich stattdessen auf Herausforderungen, die in der aktiven Echtzeitinteraktion von körperlich auf bestimmte Weise verfassten kognitiven Systemen mit ihrer Umwelt gemeistert werden müssen, also zum Beispiel auf die Navigation in belebten und sich verändernden Umgebungen oder auf energieeffiziente und dezentral gesteuerte Fortbewegungsmethoden.

(3) Der Körper wird nicht mehr nur als bloßes Outputvehikel gesehen, das im Zuge der Problemlösung durch eine zentrale Verarbeitungseinheit kontrolliert und koordiniert werden muss, sondern auch und gerade als etwas, was durch seine spezifischen biologischen, physiologischen und morphologischen oder ganz allgemein materiellen Details selbst eine wertvolle kognitive Ressource darstellt.

(4) Ganz analog wird oftmals betont, dass auch die Umwelt uns nicht nur vor Probleme stellt, sondern in vielen Fällen ihrerseits zu berechnungseffizienten Lösungen beitragen kann, weil kognitive Systeme ihren internen kognitiven Aufwand möglichst gering halten können, indem sie auf in der Welt selbst bereitgehaltene Ressourcen zurückgreifen.

Einige dieser Punkte – insbesondere die Tatsache, dass sich kognitive Prozesse in den Körper oder die Umwelt hinein erstrecken können – wurden, wie gesehen, bereits im Zusammenhang mit der Abkehr des Dynamizismus vom Computationalismus aufgeworfen, da dynamische Modelle kognitiver Systeme in der Regel eine ähnliche »Verteilung« über Gehirn, Körper und Umwelt nach sich ziehen (s. Kap. 4). Allerdings laufen die in den folgenden Kapiteln diskutierten Unterscheidungen insofern quer zu der Debatte zwischen dem Computationalismus und dem Dynamizismus, als situierte Ansätze sowohl computationalistisch als auch dynamizistisch motiviert sein können. In der Debatte zwischen dem Computationalismus und dem Dynamizismus geht es um das Was kognitiver Prozesse bzw. Systeme, also darum, wie sie am besten zu beschreiben, das heißt theoretisch angemessen und explanatorisch optimal zu modellieren sind. In der Debatte um situierte Kognition hingegen geht es um das Wo von Kognition, also darum, wo in der Welt kognitive Prozesse bzw. Systeme – gleichgültig, ob sie computationalistisch oder dynamizistisch beschrieben werden – zu finden sind und in welchem Verhältnis der jeweilige »kognitive Kern« zu den Ressourcen im übrigen Körper und der Umwelt steht.

6. Die Rolle des Körpers: *Embodied Cognition*

Traditionell war Kognition ausschließlich eine Sache von Operationen in einer zentralen Verarbeitungseinheit wie dem Gehirn und damit gewissermaßen »körperlos«: Der übrige Körper hatte als kontingente »Behausung« des eigentlichen kognitiven Systems allenfalls die symbolisch bzw. subsymbolisch berechneten Lösungen umzusetzen, musste dabei aber wiederum koordiniert und kontrolliert werden und warf so selbst eher Probleme auf, statt konstruktiv zur Genese intelligenten Verhaltens beizutragen. In den vergangenen zwanzig Jahren jedoch wurde unter dem Stichwort der Verkörperlichung (*embodied cognition*) in allen Bereichen der Kognitionswissenschaft, von der KI über die Psychologie und die Neurowissenschaft bis hin zur Linguistik und Philosophie, die Auffassung vertreten, der Körper sei selbst eine wertvolle kognitive Ressource und könne durch die spezifischen Details seiner materiellen Beschaffenheit zur energie- und berechnungseffizienten Lösung von Problemen beitragen.[76]

Die Idee einer Verkörperlichung von Kognition geht unter anderem zurück auf die kulturhistorische Schule in der Entwicklungspsychologie, etwa auf Lev Vygotskijs Studien zum Einfluss biologischer Faktoren auf die Entwicklung der Individualintelligenz oder auf Alexander Lurias Arbeiten zum sogenannten Prinzip der extrakortikalen Organisation komplexer mentaler Funktionen.[77] Eine andere Inspirationsquelle war die phänomenologische Tradition in der Kontinentalphilosophie. Heidegger und Maurice Merleau-Ponty bereiteten den Boden für die GOFAI-Kritik von Dreyfus, der abstrakte Repräsentationen für bedeutungslos erklärte, weil die Welt als holistische Ganzheit von uns nur durch ein Handeln in ihr zu erfassen sei (s. Kap. 2).

Laut Heideggers Analyse unserer ursprünglichen Grundverfassung eines »In-der-Welt-Seins« etwa, die erst durch eine nachträgliche Abstraktion in Subjekt und Objekt, in ein Bewusstsein und die Gegenstände dieses Bewusstseins, aufgespalten wird, erfahren wir uns immer schon als in einer Welt, deren Gegenstände uns »zuhanden« und nicht bloß »vorhanden« sind, die also wie beispielsweise ein Hammer dazu da sind, dass wir etwas mit ihnen tun. Diese »Zuhandenheit« erschließt sich uns nur im praktischen Umgang, der den atomistischen Repräsentationen eines theoretischen »Nur-noch-Hinsehens« vorausgehen muss: »Das Hämmern selbst entdeckt die spezifische ›Handlichkeit‹ des Hammers. [...] Der nur ›theoretisch‹ hinsehende Blick auf die Dinge entbehrt des Verstehens von Zuhandenheit.«[78]

Auch Merleau-Ponty sieht in der zweckgerichteten Interaktion verkörperlichter Akteure mit ihrer Umwelt eine Vorbedingung interner Repräsentationen und im Körper bzw. Leib die Basis von Sinnhaftigkeit und Wissen: »Mein Leib ist die allen Gegenständen gemeinsame Textur, und zumindest bezüglich der wahrgenommenen Welt ist er das Werkzeug meines ›Verstehens‹ überhaupt. Der Leib ist es, der nicht nur Naturgegenständen, sondern auch Kulturgegenständen, wie etwa Worte es sind, ihren Sinn gibt.«[79]

Dieser Primat eines »Ich kann«, das als zentrales Motto der Kognitionswissenschaft zweiter Generation das cartesianische Credo des »Ich denke« der ersten Generation abgelöst hat, lässt sich anhand einer klassischen Studie zum Einfluss selbst initiierter Bewegungen auf wahrnehmungsabhängige Fähigkeiten illustrieren. Richard Held und Alan Hein untersuchten Paare neugeborener Katzen, von denen sich je eine selbstständig in der Untersuchungsumgebung bewegen konnte, während die andere von ihr in einem Korb hinterhergezogen wurde. Beide Katzen bewegten sich auf ähnliche Weise relativ zur Umwelt und machten dabei vergleichbare Wahrnehmungen. Die passiven Katzen im Korb konnten die Umwelt aber nicht aktiv explorieren und so ihre Wahrnehmungen nicht in Bezug zu den Bewegungen ihres Körpers setzen. Obwohl ihr »Hinsehen« nahezu identisch war, wiesen sie nach der Trainingsphase sensomotorische Defizite auf: So zeigten sie zum Beispiel keinen Lidschlussreflex, streckten die Pfoten nicht aus, wenn man sie über eine ebene Fläche hielt, und scheuten keine visuellen Klippen. Diese Defizite verschwanden allerdings, sobald sich die Tiere frei bewegen durften.[80]

Erkenntnisse dieser Art sprechen dafür, dass Kognition nicht auf abstrakte Berechnungsprozesse in einer zentralen Verarbeitungseinheit beschränkt ist, sondern in dem Sinne auch von der konkreten körperlichen Verfasstheit des jeweiligen Systems abhängt, dass körperliche Charakteristika und die sich daraus ergebenden Interaktionsmöglichkeiten mit der Umwelt auf spezifische und wesentliche Weise an der Genese kognitiver Leistungen beteiligt sind.

Im Gegensatz zu den etablierten Forschungsprogrammen fehlt der Verkörperlichungsthese bislang jedoch ein einheitliches begriffliches Fundament. Es ist nach wie vor unklar, was genau es bedeuten soll, dass Kognition substanziell durch körperliche Faktoren beeinflusst wird, insbesondere wenn mit den diversen Explikationsversuchen der Anspruch verbunden sein soll, wesentlich über die traditionellen Ansätze hinauszugehen. Zusätzlich unübersichtlich wird die Diskussion, weil im Kontext der Rede von Verkörperlichung oftmals auch der dynamische Charakter kognitiver Prozesse und die Wichtigkeit der dynamischen Interaktion verkörperlichter kognitiver Systeme mit ihrer Umwelt betont werden.[81] Die Verkörperlichungsthese wird dadurch auf unglückliche Weise verquickt mit der Debatte zwischen dem Computationalismus und dem Dynamizismus einerseits und der Frage nach der Rolle von Umwelt und Interaktion andererseits (s. Kap. 5). Im Folgenden geht es ausschließlich um die Rolle des Körpers, und zwar aus computationalistischer sowie aus dynamizistischer Perspektive; Umwelt und Interaktion sind Gegenstand der folgenden Kapitel.

In der Linguistik haben unter anderem George Lakoff und

Mark Johnson dafür argumentiert, dass unsere konzeptuellen Fähigkeiten in dem Sinne verkörperlicht sind, dass alle unsere Begriffe, selbst die abstraktesten, letztlich auf einer metaphorischen Übertragung einiger weniger basaler Begriffe beruhen, die ihrerseits durch die für uns charakteristische Art von dreidimensionalem Körper bestimmt werden: Ziele liegen *vor* uns, wir planen die nächsten *Schritte*, schauen *voraus*, *gehen* unseren Weg, *stellen* uns Herausforderungen, bekommen die Dinge *in den Griff* usw. Auf diese Weise spiegeln unser konzeptueller Zugang zur Wirklichkeit und damit auch höherstufige Denkprozesse die grundlegende Struktur unserer körperlichen Verfasstheit wider.[82]

Diese körperliche Verankerung unseres Begriffsrepertoires verspricht das *Symbol Grounding Problem* zu lösen (s. Kap. 2), indem die Kluft zwischen einer rein syntaktischen Charakterisierung repräsentationaler Zustände und der Ebene genuiner Bedeutung überbrückt wird: Wenn zum Beispiel der Begriff *Stuhl* im praktischen Wissen darum verankert wird, was man mit einem Stuhl macht, welche Handlungsmöglichkeiten (»Affordanzen« in James Gibsons Sinne; s. Kap. 7) er eröffnet, und so zu der grundlegenden körperlichen Struktur eines Systems in Bezug gesetzt wird, dann wird ersichtlich, wie man trotz der Unzulänglichkeit abstrakter Kritierienkataloge verstehen kann, was gemeint ist, wenn etwa ein Baumstumpf oder eine Weinkiste einmal als »Stuhl« bezeichnet werden.[83]

In eine ähnliche Richtung geht auch der Begriffsempirismus des Psychologen Lawrence Barsalou. Für Barsalou steht der Kognitivismus neben dem *Symbol Grounding Problem* vor einer weiteren Schwierigkeit, dem sogenannten *Transduction Problem*: Er muss nicht nur zeigen, wie existierende symbolische Strukturen einen Bezug zu Dingen in der Welt erlangen, sondern vor allem auch die vorrangigere Frage klären, wie Wahrnehmungen der Dinge in der Welt zunächst überhaupt in abstrakte Symbole überführt werden, da der Glaube an die Existenz solcher Symbole ohne eine entsprechende Erklärung kaum zu rechtfertigen ist. Barsalous Theorie perzeptiver Symbolsysteme (*perceptual symbol systems*) soll beide Probleme lösen, indem sie die Trennung zwischen modalitätsspezifischen sensorischen Repräsentationen einerseits und den modalitätsunspezifischen Repräsentationen eines zentralen kognitiven Systems andererseits aufgibt und begriffliche Fähigkeiten auf einen mentalen Simulationsprozess gründet, der beide Arten von Repräsentationen verbindet. Im Anschluss an den Neurowissenschaftler Antonio Damasio argumentiert Barsalou, dass die Aktivität der im Wahrnehmungsprozess angesprochenen sensomotorischen Merkmalsdetektoren (*feature maps*) in assoziativen Gehirnarealen (*convergence zones*) symbolisch codiert wird. Sobald diese »symbolische Übersetzung« etabliert ist, reaktiviert eine Aktivität dort die ursprüngliche sensomotorische Repräsentation auch dann, wenn der entsprechende Stimulus aktuell nicht vorliegt. Zentrale kognitive Prozesse arbeiten also nicht mit modalitätsunspezifischen und damit arbiträren Repräsentationen, sondern mit den sensomotorischen Strukturen der peripheren Input- und Outputsysteme selbst: Symbolische (zum Beispiel linguistische) Repräsentationen haben damit also dasselbe körperliche Format wie nichtsymbolische (zum Beispiel perzeptuelle) und sind in ihrer Bedeutung damit wiederum in der körperlichen Verfasstheit eines in der Welt agierenden Systems verankert.[84]

Auf der Idee einer solchen »Mehrfachverwertung« neuronaler Strukturen, die gegenwärtig unter Stichworten wie *massive redeployment*, *neural exploitation*, *neuronal recycling* oder *shared circuits* diskutiert wird, fußt auch der Ansatz des Philosophen Alvin Goldman. Für Verkörperlichung in einem substanziellen Sinne reicht es laut Goldman nicht, dass kognitive Prozesse mit Repräsentationen des Körpers (*bodily content representations*) arbeiten, solange diese abstrakt und amodal sind. Entscheidend ist vielmehr, dass die Repräsentationen selbst ein modalitätsspezifisches körperliches (visuelles, somatosensorisches usw.) Format haben (*bodily format representations*). Kognition ist Goldman zufolge insofern verkörperlicht, als Repräsentationen mit einem solchen körperlichen Format nicht wie traditionell angenommen auf periphere sensomotorische Systeme beschränkt sind, sondern im Laufe der Phylo- oder Ontogenese auch für höherstufige Zwecke – den vermeintlich amodalen »Belag« des klassischen Sandwichs – exaptiert, das heißt umfunktioniert, wurden.[85] Empirische Belege für eine Beteiligung sensomotorischer Repräsentationen an scheinbar rein abstrakten begrifflichen Leistungen gibt es inzwischen in den verschiedensten Bereichen.

Versuchspersonen, die durch eine Bewegung zum Körper hin angeben sollen, ob ein Satz sinnvoll ist, brauchen zum Beispiel länger, wenn der Satz von einer damit unverträglichen Körperbewegung handelt (etwa »Schließe die Schublade«).[86] Dieser Interaktionseffekt deutet darauf hin, dass das semantische Verständnis des Satzes keine rein abstrakte Angelegenheit in einem zentralen kognitiven System ist, sondern handlungsspezifische sensomotorische Repräsentationen involviert. Für Erinnerungsleistungen wurde ein ähnlicher Effekt nachgewiesen: Versuchspersonen, die von positiven bzw. negativen Erinnerungen berichten sollen, während sie Murmeln in zwei Behältern von oben nach unten oder von unten nach oben sortieren, erinnern sich besser und arbeiten schneller, wenn sich die Bewegungsrichtung mit der Valenz der Erinnerungen deckt (nach oben und positiv bzw. nach unten und negativ).[87] Vermeintlich abstrakte Urteile und Schätzungen unterliegen ebenfalls einem vergleichbaren Interaktionseffekt: Versuchspersonen, welche die Steigung einer vor ihnen liegenden Böschung einschätzen sollen, werden von physiologischen Faktoren wie Müdigkeit, Gesundheit, körperlicher Belastung usw. beeinflusst, und Schätzungen, wie weit ein Ziel entfernt ist, hängen davon ab, ob die Versuchspersonen erwarten, anschließend zu diesem Ziel hinlaufen oder es von ihrem Standort aus mit einem Ball bewerfen zu müssen.[88]

Im Unterschied etwa zu Thelen und Smith, die ihre Version der Verkörperlichungsthese im Dynamizismus verankern (s. Kap. 4), halten Ansätze dieser Art ausdrücklich an den zentralen Ideen der Computation und Repräsentation fest. Sie explizieren die Verkörperlichungsthese durch den Verweis auf die wesentliche Rolle, die Repräsentationen sensomotorischen Formats für scheinbar abstrakte kognitive Leistungen spielen, und stellen lediglich die mit dem Sandwichmodell einhergehende Dichotomie von modalitätsspezifischen Repräsentationen in modular aufgebauten peripheren Systemen einerseits und modalitätsunspezifischen Repräsentationen im nichtmodularen zentralen kognitiven System andererseits infrage.[89] Inwiefern aber stellt das eine wesentliche Abkehr vom Kognitivismus und Konnektionismus dar?
Der Versuch, Verkörperlichung im Sinne einer bloßen Abhängigkeit der kognitiven Leistungen eines Systems von seinen spezifischen körperlichen Charakteristika zu verstehen, trivialisiert die Verkörperlichungsthese: Natürlich sähe unser geistiges Leben anders aus, wenn wir uns wie Fledermäuse mittels Echoortung orientierten oder sich unsere Ohren statt seitlich am Kopf nebeneinander auf dem Rücken befänden. Das Gleiche gilt für die Behauptung, dass kognitive Prozesse davon abhängen, was ein System aufgrund seiner spezifischen körperlichen Verfasstheit tun kann: Natürlich verändert sich unsere Wahrnehmung, wenn wir unsere Augen öffnen und schließen. Ein grundlegend anderes Verständnis von Kognition ergibt sich daraus nicht, denn Kognitivismus und Konnektionismus können kontrafaktische Zusammenhänge dieser Art akzeptieren: Wäre der Körper eines kognitiven Systems anders beschaffen, dann wäre auch der Input der zentralen kognitiven Prozesse ein anderer, und damit wären diese Prozesse selbst anders. Die oben diskutierten Ansätze sind zwar etwas subtiler, das genannte Abgrenzungsproblem bleibt grundsätzlich aber bestehen: Da Kognitivismus und Konnektionismus in der Regel bestreiten, dass periphere und zentrale Prozesse dasselbe Format haben, können sie natür-

lich nicht akzeptieren, dass vermeintlich amodale kognitive Prozesse sensorische Repräsentationen direkt »wiederverwerten«; sie können aber sehr wohl akzeptieren, dass kognitive Prozesse von der Aktivierung sensomotorischer Repräsentationen abhängen, denn Letztere sind in ihren Augen schlicht ein Teil des Inputs, der Erstere bedingt.

Als Alleinstellungsmerkmal bleibt demnach nur die Behauptung, dass kognitive Prozesse mit modalitätsspezifischen sensomotorischen Repräsentationen arbeiten. Daraus ergibt sich jedoch keine wirklich interessante Verkörperlichungsthese. Wenn vom Beitrag des Körpers die Rede ist, dann muss damit der extrakranielle Teil des Körpers (also das, was jenseits der Schädelgrenzen liegt) gemeint sein. Rechnet man das Gehirn nämlich im maßgeblichen Sinne zum Körper, dann ist die These, dass der Körper auf spezifische und unverzichtbare Weise zu den kognitiven Leistungen eines Systems beiträgt, trivial und völlig verträglich mit der klassischen Auffassung, dass Kognition symbolische oder subsymbolische Informationsverarbeitung im Gehirn ist. Kognitive Prozesse sollten also nicht schon deshalb als verkörperlicht gelten, weil sie mit sensomotorischen Repräsentationen arbeiten. Dies zeigt sich unter anderem auch darin, dass alles, was bislang zum Thema Verkörperlichung gesagt wurde, auch auf Gehirne im Tank zutreffen könnte. Eine Lesart der Verkörperlichungsthese, wonach die kognitiven Leistungen eines in einem Behälter mit Nährlösung aufbewahrten Gehirns, dem von einem Computer ein Körper und eine Umwelt vorgegaukelt werden, als verkörperlicht gelten würden, eignet sich jedoch zweifellos kaum als Grundlage einer Gegenbewegung zu traditionellen Ansätzen, die für sich in Anspruch nimmt, ausgerechnet den Körper zum zentralen Gegenstand des Interesses zu machen.

Eine stärkere Lesart der Verkörperlichungsthese, die über eine bloße Abhängigkeitsbehauptung hinauszugehen versucht, zeigt sich in Ansätzen, die im Körper nicht nur eine wesentliche Bedingung, sondern einen konstitutiven Teil kognitiver

Prozesse sehen. Unsere visuelle Wahrnehmung etwa, zum Beispiel das Tiefensehen, wird überhaupt erst dadurch ermöglicht, dass wir uns mit unserem Körper auf gewisse Weise bewegen (s. Kap. 7): Wir erkennen, welche Objekte in unserem Gesichtsfeld uns näher sind als andere, indem wir unseren Kopf bewegen – nähere Objekte bewegen sich dabei relativ betrachtet schneller als weiter entfernte. Solche Körperbewegungen scheinen nicht nur einen spezifischen und unverzichtbaren extrakraniellen Einfluss auf unsere Wahrnehmung auszuüben, sondern selbst buchstäblich ein Teil des Wahrnehmungsprozesses zu sein, der damit neben der Aktivität im visuellen Kortex offenbar auch Prozesse im extrakraniellen Körper umfasst. Da solche Prozesse den traditionellen Ansätzen zufolge kein Teil der eigentlichen kognitiven Maschinerie sein können, hat diese stärkere Lesart der Verkörperlichungsthese kein Abgrenzungsproblem gegenüber dem Kognitivismus und dem Konnektionismus. Es bleibt aber die Frage, ob und inwiefern kognitive Prozesse tatsächlich durch die körperliche Verfasstheit des jeweiligen Systems konstituiert sind.

Die verhaltensbasierte Robotik von Brooks setzt zum Beispiel auf reaktive Agenten, sogenannte mobile Roboter (*mobots*, *animats*), die dem biologischen Vorbild einfacher Lebewesen folgend mittels ihrer körperlichen Architektur intelligentes Verhalten zuwege bringen. Brooks grenzt sich auf diese Weise von energetisch und computational ineffizienten, auf eng umschriebene Mikrowelten zugeschnittenen GOFAI-Systemen ab, die in realen Umgebungen an einfachsten Aufgaben scheitern und weit hinter dem zurückbleiben, was allgemein als intelligentes Verhalten gilt. Die traditionelle Fixierung auf höherstufige kognitive Leistungen übersieht laut Brooks, dass diese entwicklungsgeschichtlich jungen Phänomene sich anscheinend von selbst ergeben, sobald ein System die Fähigkeit entwickelt hat, sich erfolgreich in einer dynamischen Umwelt zu bewegen – eine Fähigkeit, auf deren Ausbildung ein Großteil der Evolution verwendet wurde.[90] Reale

Umgebungen sind für künstliche Systeme problematisch, weil diese wegen ihres auf starren, wiederholt abzuarbeitenden Wahrnehmen-Modellieren-Planen-Handeln-Sequenzen basierenden Top-down-Ansatzes auf Veränderungen nicht angemessen reagieren können. Der Bottom-up-Ansatz der Subsumtionsarchitektur von Brooks hingegen basiert auf vertikal angeordneten, parallel arbeitenden Verhaltenskomponenten oder Schichten (*layers*) mit einer einfachen Hardware (fest verdrahtete Netzwerke endlicher Automaten, die interne Register, einen internen Zeitgeber und Zugang zu einer einfachen Recheneinheit haben).[91] Jede dieser eigenständigen Komponenten reagiert auf einen spezifischen Auslösereiz mit einer bestimmten Aktivität und versucht damit das Verhalten des Mobots zu beeinflussen. Komplexere Leistungen werden inkrementell durch eine Hierarchie solcher Komponenten realisiert, wobei höhere niedere subsumieren und ihre Aktivität unterdrücken (das heißt, ihren Input mit dem eigenen Input überschreiben) oder hemmen (das heißt, sie durch Löschen ihres Outputs »ausschalten«) können. Da es keine global repräsentierte symbolische Wissensbasis oder allgemeine Kontroll- und Planungsprozesse gibt, müssen Sensordaten nicht erst zeit- und rechenintensiv in ein symbolisches Format übersetzt werden. Die dezentral arbeitende Architektur kann aus diesem Grund mehrere Aufgaben zugleich mit jeweils aktuellen Eingangsdaten erledigen und bringt so ein fehlertolerantes und flexibles Verhalten in Echtzeit hervor.

Brooks' Mobot Allen zum Beispiel arbeitet mit drei Verhaltenskomponenten: Die erste sorgt dafür, dass Allen ausweicht, sobald sein Sonar feststehende oder mobile Hindernisse erkennt; die zweite lässt ihn willkürlich durch die Gegend fahren, sofern die erste es zulässt; die dritte unterdrückt die zweite und lässt Allen einen bestimmten Ort ansteuern, korrigiert dabei aber immer wieder die Kursabweichungen, die durch die von der ersten Komponente ausgelösten Maßnahmen zur Kollisionsvermeidung entstehen.[92] Allens berühmter Nachfolger Herbert ist zusätzlich mit einem Arm und weiteren Verhaltenskomponenten ausgestattet, die es ihm ermöglichen, durch die Räume des MIT zu fahren und leere Getränkedosen zu erkennen, einzusammeln und zu einem zentralen Sammelort zu bringen.

Für ein Verständnis des intelligenten Verhaltens von Allen oder Herbert sind Repräsentationen Brooks zufolge nicht nur überflüssig, sondern schlicht ungeeignet.[93] Ihre gesamte Intelligenz steckt in ihrer Architektur und in der Art und Weise, wie sie mittels ihrer spezifischen körperlichen Verfasstheit mit ihrer Umwelt interagieren. Die Vorstellung, dass die Morphologie eines Systems, bis hin zu den je spezifischen Materialeigenschaften, die Funktionen interner Repräsentationen und zentraler Kontrollprozesse übernehmen kann und dadurch zu einer computational schlanken Intelligenz beiträgt und im Sinne der starken Verkörperlichungsthese selbst zu einem echten Teil der kognitiven Maschinerie wird, wird in jüngster Zeit auch unter dem Stichwort *morphological computing* diskutiert. Am radikalsten setzen dieses Sparsamkeitsprinzip sogenannte passiv-dynamische Laufmaschinen um, die zum Beispiel die natürlichen Freiheitsgrade ihrer mechanischen Konstruktion und die jeweiligen Materialeigenschaften in selbststabilisierender Weise ausnutzen, um ohne Kontrollinstanzen und externe Energiequellen eine schiefe Ebene hinabzulaufen.[94] Vergleichbares gilt aber auch für kognitiv anspruchsvollere Leistungen: Menschen zum Beispiel nutzen morphologische Eigenschaften wie bestimmte Invarianten im sogenannten optischen Fluss aus, um einen geworfenen Ball aus der Luft zu fangen, dessen Flugbahn alleine aus dem Wahrnehmungseindruck in Echtzeit nicht zu berechnen ist. Auch die dezentrale Koordination der Greifbewegungen von Robotern und Menschen macht zum Teil von den jeweiligen konkreten morphologischen und materiellen Gegebenheiten Gebrauch, und die physische Anordnung der Facetten im Insektenauge verarbeitet die visuelle Information so vor, dass der Rechenaufwand bei der neuronalen Weiterverarbeitung möglichst gering gehalten wird.[95]

Verkörperlichungsthesen dieser Art unterscheiden sich von den oben skizzierten Spielarten, deren Augenmerk auf der Natur mentaler Repräsentationen liegt, in ihrer Skepsis gegenüber dem Computationalismus und Repräsentationalismus der traditionellen Positionen, die zum Beispiel gerade bei Brooks oder passiv-dynamischen Laufmaschinen besonders deutlich zum Ausdruck kommt. Damit stellt sich aber wiederum die schon vom Dynamizismus her bekannte Frage, inwiefern Ansätze dieser Art auf »repräsentationshungrige«[96] Leistungen wie etwa zielgerichtetes oder kontrafaktisches Planen verallgemeinerbar sind. Auf den ersten Blick zumindest scheinen sie auf vergleichsweise niederstufige Leistungen motorischer Natur beschränkt zu bleiben, die entweder gar nicht oder bestenfalls in einem schwachen Sinne als »kognitiv« zu bezeichnen sind (s. Kap. 4). Dieser drohende Themenwechsel weg von kognitiven Leistungen im klassischen Sinne, hin zum Verhalten einfacher reaktiver Agenten – das, so faszinierend es zweifellos ist, eher an die überwunden geglaubten Reiz-Reaktions-Schemata des Behaviorismus als an genuin intelligentes Verhalten erinnert – untergräbt jedoch den Anspruch, mit der Verkörperlichungsthese tatsächlich einen substanziellen Gegenentwurf zu den etablierten Ansätzen formuliert zu haben.

7. Die Rolle der Umwelt (I): *Embedded Cognition*

Anhängern situierter Kognition geht es nicht alleine um die Rolle des Körpers, sondern auch darum, dass kognitive Systeme mittels ihres Körpers ihre Umwelt so manipulieren können, dass auch sie zu einer wertvollen kognitiven Ressource wird. Drei Überlegungen spielen in diesem Zusammenhang gegenwärtig eine Rolle: (1) Kognitive Prozesse können so von Gegebenheiten jenseits der Körpergrenzen eines Akteurs abhängen, dass eine aktive Interaktion mit der Umwelt ihre interne Repräsentation zum Teil überflüssig macht. Wahrnehmung und Handlung sind in diesem Fall nicht immer durch interne Repräsentationen vermittelt und hängen daher unmittelbarer zusammen als vom Sandwichmodell angenommen. (2) Sensomotorische Wahrnehmungstheorien nehmen die Verzichtbarkeit interner Repräsentationen zum Anlass, den Zusammenhang von Wahrnehmen und Handeln nicht nur unmittelbarer zu gestalten, sondern die Trennung vollständig aufgeben und Wahrnehmen als eine Form von Handeln anzusehen. (3) Einigen Autoren reicht diese Art von Umweltabhängigkeit nicht aus: Für sie sind Teile der Umwelt nicht bloß externe Ressourcen einzelner Akteure, sondern selbst ein konstitutiver Teil »erweiterter«, Gehirn, Körper und Umwelt umspannender kognitiver Prozesse bzw. Systeme (s. Kap. 8).

Den gegenwärtig unter dem Stichwort der Einbettung (*embedded cognition*) zusammengefassten (manchmal irreführenderweise auch als »situated cognition« bezeichneten) Ansätzen geht es um die Umweltabhängigkeit kognitiver Prozesse. Aus kognitionswissenschaftlicher Sicht haben sie ihren Ursprung in den 1980er-Jahren, als in der KI eine Abkehr von klassischen Planungsansätzen einsetzte.[97] Nach den klassischen Planungsansätzen arbeiten kognitive Systeme auf Grundlage ihres Inputs zunächst einen vollständigen Handlungsplan aus und setzen diesen anschließend vorbehaltlos in die Tat um. Für Akteure in einer dynamischen Welt ist eine solche Strategie jedoch suboptimal, weil unter anderem nach Einholen des Inputs auftretende Veränderungen nicht mehr berücksichtigt werden können, sodass viele Handlungen zum Zeitpunkt ihrer Ausführung auf veralteten Voraussetzungen beruhen und inadäquat sind. Menschliche Akteure richten ihre Pläne häufig sehr viel situationsbezogener aus, sodass sie sie angesichts neuer Erkenntnisse spontan aufgeben oder modifizieren können. Statt zum Beispiel unsere Reise nach Kroatien im Detail durchzuplanen, fahren wir von Norddeutschland aus einfach Richtung München und folgen ab dort den Schildern, hören aber Staunachrichten und den Wetterbericht, um gegebenenfalls über Nebenstrecken ausweichen zu können oder doch schon in Italien unser Quartier aufzuschlagen. Manchmal ist es gar unmöglich, sich anfänglich mehr als nur einen ganz groben Plan zurechtzulegen: Ein Fußballer kann seine Dribblings und Pässe ebenso wenig vorausplanen wie ein Schauspieler seine Dialoge im Improvisationstheater oder ein Dozent den Verlauf eines Seminars, weil ihre Aktionen im Detail immer auch von ihrem sich kontinuierlich verändernden Umfeld bestimmt werden, das sie durch ihr Tun wiederum entscheidend mit prägen. In Fällen wie diesen bleibt dem jeweiligen Akteur gar nichts anderes übrig, als statt auf potenziell veraltete interne Informationen und Pläne ganz opportunistisch und spontan auf die Umwelt selbst zurückzugreifen.

Kognitive Prozesse können also anscheinend nicht, wie im Kognitivismus oder Konnektionismus meist stillschweigend angenommen wurde, weitgehend unabhängig von der Umwelt eines Systems betrachtet werden, sondern hängen auf charakteristische Weise von den Gegebenheiten jenseits der Körpergrenzen ab. Was aber bedeutet das im Detail?

Die fragliche Art von Umweltabhängigkeit hat ihren Ursprung

unter anderem in dem, was Andy Clark »scaffolding« nennt.[98] Die Umwelt dient kognitiven Systemen metaphorisch als Gerüst (*scaffold*), weil sie sich darauf stützen können, indem sie sie bei der Lösung kognitiver Aufgaben zur Minimierung des internen Informationsverarbeitungsaufwands und damit zur Steigerung ihrer kognitiven Leistungsfähigkeit einsetzen. Barmixer zum Beispiel lernen, die verschiedenen Drinks mit unterschiedlich geformten Gläsern, unterschiedlicher Dekoration usw. zu assoziieren, und können so durch geeignete Anordnung des entsprechenden Zubehörs auch umfangreiche Bestellungen in der richtigen Reihenfolge abarbeiten. Diese Fähigkeit büßen sie ein, sobald sie einheitliches Zubehör verwenden und sich in Ermangelung eines externen *scaffolds* die Abfolge buchstäblich »im Kopf« merken müssen.[99] Eine derartige Einbindung der Umwelt ist fester Bestandteil unseres Alltags: Statt uns etwa beim gemeinsamen Einkauf zu merken, wer was kaufen möchte, teilen wir die Artikel auf die beiden Enden des Einkaufswagens auf, und statt uns im Gassengewirr der Lissaboner Alfama mühevoll auf dem Stadtplan den Weg zum Castelo de São Jorge einzuprägen, laufen wir einfach immer bergauf. Ein solches *scaffolding* beruht darauf, dass unsere Umwelt auf bestimmte Weise beschaffen ist: Wären die Gläser nicht entsprechend angeordnet und läge die Lissaboner Burg nicht auf dem Gipfel, wären uns die jeweiligen Erinnerungs- bzw. Navigationsleistungen nicht bzw. nicht im gewünschten Maße möglich.

Als Explikation einer für situierte Ansätze charakteristischen Art von Umweltabhängigkeit reicht dies allerdings nicht aus. Auch die traditionelle Auffassung von Kognition impliziert, dass in uns andere kognitive Prozesse abliefen, wenn unsere Umwelt anders wäre: Eine andere Umwelt führte ceteris paribus zu einem anderen perzeptuellen Input und daher mittelbar auch zu anderen kognitiven Prozessen. Soll mit der Einbettungsthese etwas substanziell Neues gesagt werden, dann muss die fragliche Umweltabhängigkeit also von besonderer Art sein.

Eine augenfällige Besonderheit besteht zweifellos darin, dass kognitive Systeme nicht bloß passive Rezipienten von Umwelteinflüssen sind, sondern ihre Umwelt oft selbst aktiv so strukturieren, dass kognitive Leistungen überhaupt erst möglich bzw. zumindest vereinfacht werden. Kognition hängt nicht nur in dem trivialen Sinne von der Umwelt ab, dass der perzeptuelle Input zentraler kognitiver Prozesse anders wäre, wäre die Umwelt anders. Die fragliche Art von Umweltabhängigkeit scheint vielmehr grundlegend interaktiv zu sein: Die Umwelt ist nicht nur der Raum, in dem sich Probleme stellen und in dem die durch eine geeignete Transformation interner Repräsentationen aller relevanten Aspekte gefundenen Lösungen implementiert werden; die Umwelt trägt im Zuge von Interaktionen vielmehr selbst zu Lösungen bei, die internen Alternativen oftmals überlegen sind. Wir lagern, so Clark, einen Teil unserer »kognitiven Arbeit« aus, indem wir die Umwelt so strukturieren, dass sie für uns das Problem löst: Wir nutzen unsere Intelligenz aus, um unsere Umwelt so an unseren Bedürfnissen auszurichten, dass wir letzlich mit weniger Intelligenz auskommen.[100]

Diese Art von aktiver Strukturierung ist ein wichtiges und viel diskutiertes Phänomen, aber offenbar nicht notwendig dafür, dass kognitive Prozesse in einem interessanten Sinne eingebettet sind: Manchmal nutzen wir die Umwelt auch, ohne vorher aktiv strukturierend eingegriffen zu haben, zum Beispiel wenn wir immer bergauf laufen, um zur Lissaboner Burg zu finden, oder uns auf andere Weise an natürlichen Wegmarken orientieren.

Der entscheidende Punkt scheint vielmehr zu sein, dass die direkte Einbeziehung der Umwelt ihre im Rahmen der traditionellen Auffassung von Kognition so zentrale interne Repräsentation zumindest teilweise verzichtbar macht. Das Brettspiel *Scrabble* zum Beispiel, bei dem aus sieben Spielsteinen mit zufällig ausgewählten Buchstaben sinnvolle Wörter gebildet werden müssen, ist einfacher zu lösen, wenn man nicht mental mit den Buchstaben jongliert, sondern die Steine selbst so lange umstellt, bis sich sinnvolle Wortteile ergeben. Man muss dann nämlich nicht mehr alle Permutationen von

KCMCHUS

auf ihre semantische Sinnhaftigkeit hin überprüfen, sondern kann durch Umgruppieren und Zusammenführen der für das Deutsche typischen Buchstabenfolgen »CK« und »SCH«

CK SCH MU

leicht »Schmuck« und »Mucks« als mögliche Lösungen erkennen. Die Umgruppierung der Spielsteine macht das ursprüngliche Problem lösbar bzw. leichter handhabbar, indem sie es in ein Problem einer anderen Art transformiert. Indem eine Situation geschaffen wird, in der wir nicht mehr mit internen Repräsentationen hantieren müssen, sondern die relevanten Informationen der Welt selbst entnehmen können, wird die abstrakte Suche in einem komplexen Möglichkeitsraum, mit der unser Gehirn (anders als Computer) nur schlecht zurechtkommt, auf eine Reihe einfacher Mustererkennungen und damit auf etwas reduziert, was unser Gehirn sehr gut kann (s. Kap. 3).[101]
Etwas ganz Ähnliches zeigt sich auch im Falle visueller Wahrnehmung. Anders als eine naive Kamerametapher es erwarten ließe, erstellen wir offenbar keine detaillierten internen Momentaufnahmen (*snapshots*) dessen, was zu einem bestimmten Zeitpunkt in unserem Gesichtsfeld zu sehen ist, sondern entnehmen durch sakkadische Augenbewegungen (schnelle Blickwendungen) die erforderlichen Informationen »on the fly« der Umwelt selbst. In einer Studie von Dana Ballard und Kollegen zum Beispiel sahen Probanden links oben auf einem Monitor eine Anordnung farbiger Rechtecke und sollten aus einem Vorrat auf der rechten Seite mit der Maus entsprechende Rechtecke auswählen, um damit links unten die vorgegebene Anordnung nachzubauen. Eine Analyse ihrer Augenbewegungen zeigte, dass sie sich augen-

scheinlich nicht einmalig Position und Farbe merkten, um dann ein Rechteck dieser Farbe zu suchen und an der entsprechenden Position abzulegen, sondern während jedes Kopiervorgangs mehrere Male hin und her blickten, um Farbe oder Position immer dann frisch abzurufen, wenn es erforderlich war.[102]

David Kirsh und Paul Maglio bezeichnen Handlungen, die auf diese Weise den internen Repräsentationsaufwand verringern, als epistemische Handlungen (*epistemic actions*). Gewöhnliche Handlungen dienen der physischen Erreichung eines Ziels – wir gehen in den Keller, um eine Flasche Wein zu holen. Epistemische Handlungen hingegen strukturieren unsere Umwelt so, dass sie uns die zur Lösung eines Problems erforderlichen Informationen verschaffen – wir öffnen den Kühlschrank, um herauszufinden, ob wir noch genug Eier für ein Soufflé haben. Beim Computerspiel Tetris zum Beispiel müssen verschieden geformte zweidimensionale Blöcke durch Rotation und Seitwärtsbewegung so angeordnet werden, dass sich vollständig gefüllte Reihen ergeben. Auch diese Aufgabe lässt sich »im Kopf« lösen, ist aber effizienter zu bewältigen, wenn man die optimale Anordnung findet, indem man die Position der Blöcke auf dem Monitor verändert. Das probeweise Rotieren und Verschieben der Blöcke ist eine epistemische Handlung: Wir manipulieren unsere Umwelt so, dass sie uns die Informationen verschafft, die wir zur Lösung der Aufgabe brauchen. Auf diese Weise finden wir heraus, wie und wohin ein Block am besten passt, ohne mehr als notwendig auf interne Repräsentationen zurückgreifen zu müssen.[103]

Weil Spione angeblich auch immer nur gerade das wissen, was sie für ihren Auftrag unbedingt wissen müssen, spricht Clark in diesem Zusammenhang vom »007-Prinzip«: Aus evolutionären Gründen wird ein Wesen Informationen, die es mittels eines entsprechenden Verhaltens direkt der Struktur seiner Umwelt entnehmen kann, nicht selbst auf aufwendige Weise intern repräsentieren und zum Zwecke der internen

Informationsverarbeitung verfügbar halten.[104] Wenngleich eine solche Auslagerung (*offloading*) eines Teils der informationsverarbeitenden Prozesse zweifellos vorteilhaft sein kann, ist unklar, ob man daraus mit Clarks 007-Prinzip schließen sollte, dass manipulatorische Strategien dieser Art das Resultat eines natürlichen Ausleseprozesses sind. Larry Shapiro hat eingewendet, dass diese stärkere evolutionäre These unter anderem voraussetzt, dass die zu lösende Aufgabe unter Selektionsdruck konstant blieb und keine natürlichen oder physiologischen Bedingungen oder weitere Umweltfaktoren eine interne Lösung begünstigten. Da diese Voraussetzungen in vielen Fällen jedoch nicht erfüllt zu sein scheinen, sind manipulatorische Auslagerungsstrategien in seinen Augen (gerade unter nichtmenschlichen Tieren) eher die Ausnahme.[105]

Wesentlich scheinen manipulatorische Strategien der skizzierten Art allerdings für solche Systeme zu sein, die wie Brooks' Mobots (s. Kap. 6) überhaupt keine zentrale Verarbeitungseinheit haben, in der handlungsunabhängige interne Repräsentationen der Umwelt zusammenkommen könnten, und denen daher gar nichts anderes übrig bleibt, als anstelle interner Weltmodelle die Umwelt selbst als das beste aller möglichen Modelle zu nutzen.[106]

Die Vorstellung, dass kognitive Prozesse auf die beschriebene Weise in die Umwelt des jeweiligen Systems eingebettet sind, scheint inhaltlich eng verknüpft zu sein mit der Idee der Verkörperlichung: Durch welche Art von Handlung ein Akteur seine Umwelt strukturieren und welche Aspekte er als *scaffold* nutzen kann, hängt maßgeblich davon ab, über welche Art von Körper und welche körperlichen Fähigkeiten er verfügt. Es geht mithin weniger um die Umweltabhängigkeit kognitiver Prozesse als solche als vielmehr darum, dass ihre Umweltabhängigkeit nicht oder nicht ausschließlich durch interne Repräsentationen vermittelt ist. Vielmehr ist sie in dem Sinne unmittelbar, dass die durch die körperliche Verfasstheit eines Systems überhaupt erst ermöglichte, zugleich aber auch Einschränkungen unterworfene Interaktion mit der Umwelt aufwendige, unter Umständen symbolisch strukturierte interne Repräsentationen zumindest zum Teil verzichtbar macht.

Wenn die Fähigkeit zum *scaffolding* interne Repräsentationen verzichtbar macht und unter anderem von der körperlichen Verfasstheit eines Akteurs abhängt, dann muss auch das Verhältnis von Wahrnehmung und Handlung überdacht werden. Zum einen kann Wahrnehmung dann nicht mehr bloß den intern weiterzuverarbeitenden Input für einen ansonsten passiven Rezipienten liefern, sondern muss als Resultat der aktiven Exploration der Umwelt durch einen körperlich auf bestimmte Weise verfassten und handelnden Akteur betrachtet werden. Zum anderen muss in diesem Fall auch die Funktion von Wahrnehmung neu bestimmt werden: Wenn detailgetreue interne Repräsentationen verzichtbar sind, dann kann die Funktion von Wahrnehmung nicht darin bestehen, Akteure mit solchen Repräsentationen zu versorgen. Wozu aber ist Wahrnehmung gut, wenn nicht dazu, mentale Abbilder der Umwelt zu erstellen?

Eine mögliche Antwort liefert der Slogan »perception is for action«, der auf die Handlungsbezogenheit von Wahrnehmung abzielt. Diese Handlungsbezogenheit besteht nicht nur in der trivialen Tatsache, dass Wahrnehmung uns zum Handeln befähigt. Wahrnehmung ist vielmehr wesentlich handlungsbezogen: Unser Wahrnehmungsapparat versorgt uns nicht mit abstrakten Repräsentationen, die sich nur auf dem Umweg über ein allgemeines Abwägungs- und Entscheidungssystem in Handlungen niederschlagen können; er ist vielmehr direkt mit unserem Handlungsapparat verbunden und codiert Wahrnehmungsinformationen in einem handlungsspezifischen, auf den jeweiligen Körper abgestimmten Format, das die Handlungsroutinen selbst, ohne Vermittlung durch dazwischengeschaltete zentrale Prozesse, unmittelbar verarbeiten können (s. Kap. 6).

Bei Brooks' Mobots zum Beispiel dienen die Wahrnehmungsmodule gerade nicht dem Aufbau interner Repräsentationen, sondern lösen direkt entsprechende Aktivitäten aus. Selbst künstliche Systeme, die auf interne Repräsentationen ihrer Umwelt zurückgreifen, sind effizienter, wenn diese Repräsentationen ein handlungsspezifisches Format haben. So kreiert ein anderer am MIT entwickelter Roboter eine »Karte« seiner Umwelt, indem er Wahrgenommenes über eine Kombination aus aktuellem sensorischem Input und aktueller Bewegung klassifiziert – ein gerader Korridor etwa wird als eine Vorwärtsbewegung mit aktiven seitlichen Nahbereichssensoren abgespeichert.[107] Da die Motorsignale selbst Teil der Codierung der Wahrnehmungsinformation sind, kann der Roboter an einen Ort zurückfinden, indem er die dafür erforderlichen Motorbefehle direkt seiner aktivitätsbezogenen »Karte« entnimmt, ohne dass er auf Grundlage abstrakter Koordinaten einen Plan erstellen und diesen in entsprechende motorische Anweisungen überführen müsste.

Der handlungs- und körperspezifische Charakter von Wahrnehmung zeigt sich unter anderem auch in den Kompensationsleistungen von Probanden, deren Gesichtsfeld durch Prismen seitlich verschoben ist: Sollen sie zum Beispiel einen Ball oder Dartpfeil auf ein Ziel werfen, verfehlen sie dieses zunächst systematisch, treffen nach einigem Training aber wieder so gut wie zuvor. Diese Anpassung ist jedoch motorspezifisch: Sollen sie nach erfolgreichem Training von unten nach oben statt von oben nach unten oder mit der anderen Hand werfen, verfehlen sie ihr Ziel zunächst wieder.[108] Befunde wie diese zeigen, dass das kognitive System nicht einmalig lernt, den verschobenen perzeptuellen Input intern zu korrigieren und dann global für alle kognitiven oder motorischen Aufgaben die korrigierten Daten zu verwenden. Die Korrektur ist vielmehr ganz wesentlich auf bestimmte Handlungen abgestimmt: Sie geschieht nicht mittels zentraler kognitiver Prozesse, sondern ist auf eine spezifische Kombination aus Blick- und Wurfwinkel, Wurfarm und Körperhaltung zugeschnitten.

Der Slogan »perception is for action« ist darüber hinaus eng mit dem Antirepräsentationalismus von Gibsons ökologischer Wahrnehmungstheorie verbunden.[109] Gibson richtet sich damit gegen computationalistische Wahrnehmungstheorien im Stile Marrs, für die das zentrale Problem in der Frage besteht, wie das visuelle System aus dem zweidimensionalen Retinabild den Eindruck einer dreidimensionalen Welt rekonstruieren kann. Laut Gibson geht diese Frage von falschen Voraussetzungen aus, weil Wahrnehmung immer schon direkt und handlungsbezogen ist: Wahrnehmung dient nicht der Bereitstellung handlungsunabhängiger Repräsentationen, sondern ist auf konkrete Handlungen ausgerichtet, und die dafür benötigte Information muss nicht erst aus einem Retinabild rekonstruiert werden, sondern ist immer schon in reichhaltiger und strukturierter Weise in der Umwelt selbst (dem sogenannten *ambient optic array*) vorhanden. Die Umwelt offeriert dem Wahrnehmenden Handlungsmöglichkeiten, die dieser direkt – das heißt nicht inferenziell, nicht vermittelt durch interne Repräsentationen – wahrnehmen kann. Diese Handlungsmöglichkeiten, Gibson spricht von »Affordanzen« (*affordances*), sind keine intrinsischen, rein objektiven Eigenschaften des Wahrgenommenen, sondern entstehen durch die Interaktion eines verkörperlichten Lebewesens mit seiner Umwelt, indem dieses die Dinge in der Welt direkt als für es verzehrbar, erklimmbar, begehbar, greifbar, tragbar usw. wahrnimmt. Auch hier besteht also nicht nur ein unmittelbarer Zusammenhang zwischen Wahrnehmen und Handeln, sondern auch zwischen der Umweltabhängigkeit eines Systems und seiner je spezifischen Verkörperlichung, denn was für ein System verzehrbar, tragbar, erklimmbar usw. ist, variiert natürlich mit seiner jeweiligen körperlichen Verfasstheit.

Alva Noës sensomotorische Wahrnehmungstheorie geht noch einen Schritt weiter. Noë kritisiert nicht nur die Auffassung, dass Wahrnehmung interne Repräsentationen bereitzustellen hat, sondern auch Gibsons These, dass Wahrnehmen dem Handeln dient. Für Noë gilt vielmehr: Wahrnehmen *ist* Handeln, das heißt etwas, was ein verkörperlichtes Subjekt im Rahmen seiner aktiven Exploration der Umwelt *tut*.[110] Wahrnehmung in Noës Sinne ist daher kein theoretisches Wissen-dass, sondern ein praktisches Wissen-wie, eine sensomotorische Fähigkeit, die im Wissen um die regelhaften sensomotorischen Zusammenhänge (*sensorimotor contingencies*) besteht, welche sich im Rahmen unserer Interaktion mit der Umwelt auftun: Ein Objekt, dem wir uns nähern, beansprucht einen größeren Teil unseres Sichtfeldes; ein Geräusch wird umso lauter, je näher wir seiner Quelle kommen; visuelle und taktile Eindrücke verändern sich auf systematische Weise, wenn wir um ein Objekt herumgehen oder darüberstreichen usw. Gestützt wird eine solche Konzeption von Wahrnehmung unter anderem durch die Möglichkeit sensorischer Substitution: Visuelle Information etwa kann so in taktile Reize auf dem Rücken oder der Zunge umgewandelt werden, dass Blinde damit auch entfernte und sich bewegende Objekte wahrnehmen können, sofern sie ihre Umwelt aktiv erkunden dürfen und auf diese Weise die sensomotorischen Zusammenhänge zwischen ihren Bewegungen und den entsprechenden Veränderungen der taktilen Stimulation erlernen.[111]

Da die sensomotorischen Fähigkeiten eines Systems von seiner körperlichen Verfasstheit abhängen, ist der Aspekt der Umweltabhängigkeit auch hier wieder eng mit dem der Verkörperlichung verknüpft. Allerdings scheint es zu weit zu gehen, wenn Wahrnehmung an die tatsächliche Ausübung sensomotorischer Fähigkeiten gebunden wird, da dann zum Beispiel Tetraplegiker oder Locked-in-Patienten, die nahezu vollständig gelähmt sind, keine Wahrnehmungen haben könnten. Unter anderem aus diesem Grund fordert etwa Noë zuweilen lediglich, der Wahrnehmende müsse das entsprechende sensomotorische Wissen erworben haben, auch wenn er seine Fähigkeit aktuell nicht ausüben könne.[112]

Die Repräsentationsskepsis, die üblicherweise mit der Vorstellung einer nachhaltigen Umweltabhängigkeit kognitiver Prozesse einhergeht, kann also unterschiedlich radikal ausfallen. Durch das gemeinsame Interesse an der Umwelt und unserer Interaktion mit ihr liegt eine Anbindung an den Dynamizismus nahe. Die Anhänger der oben skizzierten Wahrnehmungstheorien zum Beispiel erklären Repräsentationen im Einklang mit dem Dynamizismus in der Tat für verzichtbar. Andere hingegen streben lediglich eine Erweiterung computationalistischer Ansätze an. Kirsh und Maglio etwa verstehen epistemische Handlungen ausdrücklich als ein Mittel, durch das Akteure ihre eigenen computationalen Zustände effektiv und zweckmäßig beeinflussen können, und Ballard und Kollegen verstehen Augenbewegungen als auf die Umwelt gerichtete »Zeiger« (*deictic codes*), die zusammen mit internen informationsverarbeitenden Prozessen hybride Berechnungsprozesse (*deictic computations*) bilden. Hier geht es also nur darum, die abstrakten, satzartigen und handlungsunabhängigen Repräsentationen des Kognitivismus durch wesentlich handlungsbezogene Repräsentationen zu ergänzen (etwa durch *Action-oriented-*, *Emulator-* oder *Pushmi-pullyu*-Repräsentationen).[113] Auf diese Weise scheint ein Mittelweg eröffnet zu werden zwischen den umfassenden symbolischen Repräsentationen des Kognitivismus und der vermeintlichen Repräsentationslosigkeit des Dynamizismus. Dieser Mittelweg erlaubt es offenbar, den berechtigten Bedenken gegenüber dem Kognitivismus Rechnung zu tragen, ohne zugleich Gefahr zu laufen, jene höherstufigen kognitiven Leistungen nicht mehr einfangen zu können, die Informationen erfordern, die nicht »on the fly« der aktuellen Situation entnommen werden können.

In einer ganz anderen Richtung rekonziliatorisch äußert sich auch Simon, einer der Stammväter des Computermodells des Geistes, der sich zusammen mit Alonso Vera vehement dafür eingesetzt hat, dass eine Anerkennung der Umweltabhängigkeit kognitiver Prozesse nicht automatisch zu einer Abkehr von klassischen Ansätzen führen muss, da sich die

Echtzeitinteraktion mit sich dynamisch verändernden Umgebungen sehr wohl symbolisch modellieren lässt und viele der als revolutionär gefeierten Systeme letztendlich auf klassischer Symbolverarbeitung beruhen.[114]
Auch wenn eine solche vollständige Nivellierung der beiden Lager wohl zu weit geht, spricht vieles dafür, dass die in diesem Kapitel diskutierten Ansätze in der Tat nicht als vollständiges Surrogat klassischer Positionen intendiert sein können, sondern lediglich als Ergänzung die Situations- und Handlungsbezogenheit kognitiver Prozesse deutlicher herausstellen sollen.

8. Die Rolle der Umwelt (II):
Extended Cognition

Einigen Autoren geht die in Kapitel 7 beschriebene Art von Umweltabhängigkeit nicht weit genug. Wenn der Umwelt für unsere kognitiven Leistungen tatsächlich eine so zentrale Rolle zukommt, mit welchem Recht betrachten wir das Gehirn bzw. Gehirn und Körper dann noch als das alleinige materielle Substrat kognitiver Prozesse? Was qualifiziert Teile des Gehirns oder Körpers als Substrat »echter« kognitiver Prozesse, während die Umwelt nur eine zwar wichtige und womöglich unverzichtbare Ressource ist, die Kognition unterstützt und ermöglicht, selbst aber nicht als kognitiv gilt? Illustrieren lässt sich diese Überlegung am Beispiel des Alzheimerpatienten Otto, der sich statt auf sein physiologisches Gedächtnis auf ein Notizbuch verlässt, in dem er Wichtiges notiert und bei Bedarf nachschlägt. Angenommen, den Notizbucheinträgen käme in Ottos Leben und bei der Erklärung seines Verhaltens dieselbe Rolle zu wie neuronal codierten Gedächtnisinhalten bei gewöhnlichen Erwachsenen – wäre es dann nicht pure Willkür, wenn wir uns weigerten, sie ebenso als Realisierer seiner Erinnerungen, Überzeugungen usw. anzuerkennen, wie wir es bei den entsprechenden neuronalen Prozessen in unserem Fall ganz selbstverständlich tun?[115]

Überlegungen dieser Art führten seit Ende der 1990er-Jahre zu einer Reihe von Ansätzen, die sich in der einen oder anderen Form der folgenden Erweiterungsthese verschreiben: Kognitive Prozesse sind in dem Sinne »erweitert« (*extended*), dass sie zum Teil durch Prozesse in der Umwelt jenseits der körperlichen Grenzen eines Organismus realisiert sind. Die verschiedenen Spielarten dieser Erweiterungsthese, die aktuell unter Stichworten wie *vehicle externalism*, *wide computationalism*, *locational externalism*, *environmen-*

talism, integrationism, radical embodiment oder *active externalism* diskutiert werden, decken dabei wiederum das gesamte Spektrum von klassisch computationalistischen bis hin zu dynamizistischen Ansätzen ab.[116] Robert Wilsons *wide computationalism* zum Beispiel fasst kognitive Prozesse ganz traditionell als computationale Prozesse auf, räumt aber die Möglichkeit ein, dass sie statt interner Repräsentationen auch die entsprechenden Objekte in der Umwelt selbst zum Gegenstand haben; Anthony Chemeros These eines *radical embodiment* hingegen verschreibt sich einem Dynamizismus, für den Berechnungsprozesse und Repräsentationen keinerlei heuristische Bedeutung haben; und Clark liebäugelt mit einem hybriden Ansatz, der klassisch kognitivistische Ideen mit dezidiert dynamizistischen Elementen kombiniert.[117]

Inzwischen hat sich um die Erweiterungsthese und ihr Für und Wider eine kontroverse Debatte entwickelt, deren Eckpfeiler im Folgenden skizziert werden.

Zunächst einmal geht es bei der Erweiterungsthese nicht um den sogenannten semantischen Externalismus, wonach der Gehalt mentaler Zustände und sprachlicher Ausdrücke – das, was erinnert, geglaubt usw. oder mit einer Äußerung gemeint wird – keine intrinsische Eigenschaft eines Individuums ist, sondern auch von dessen natürlicher, sprachlicher oder sozialer Umwelt abhängt.[118] Diese Form des Externalismus ist ein bloßer Gehaltsexternalismus: Mentalen Zuständen wird zwar ein durch externe Faktoren individuierter Gehalt zugeschrieben, ihre Realisierer oder Vehikel jedoch werden üblicherweise nach wie vor ausschließlich im Gehirn verortet. Bei der Erweiterungsthese hingegen geht es nicht um den Gehalt, sondern um dessen Träger, das heißt darum, dass sich, wie Susan Hurleys Rede von einem Vehikelexternalismus ausdrücklich hervorhebt, die Realisierer selbst in der Umwelt befinden: Kognitive Prozesse sollen teilweise durch hybride, sich über die Grenzen des Organismus hinaus erstreckende Prozesse konstituiert sein. Die externen Faktoren sind dabei verhaltenswirksam und -erklärend (hätte Otto zum Beispiel nicht in seinem Notizbuch festgehalten, dass im Pergamonmuseum archäologische Funde aus Kleinasien ausgestellt sind, wäre er nicht zur Museumsinsel gefahren), während die Unterschiede im Gehalt dies beim semantischen Externalismus gerade nicht sein sollen. Clark und Chalmers bezeichnen ihre Version der Erweiterungsthese aus diesem Grund auch als »aktiven« Externalismus.

Die Erweiterungsthese muss zudem von der in Kapitel 7 diskutierten schwächeren Auffassung unterschieden werden, dass kognitive Prozesse auf charakteristische Weise von der Umwelt abhängen. Allerdings ist strittig, ob, und wenn ja unter welchen Bedingungen, dieser Übergang von einer kausalen Abhängigkeit zu einer Konstitutionsbeziehung gerechtfertigt bzw. empirisch fruchtbar ist (s. u.).

Es geht der Erweiterungsthese auch nicht nur um die (nomologische, metaphysische oder begriffliche) Möglichkeit erweiterter kognitiver Prozesse. Selbst ihre Kritiker gestehen zu, dass kognitive Prozesse zum Teil außerhalb des Gehirns oder Körpers realisiert sein *könnten*.[119] Man denke beispielsweise an eine Neuroprothese, die ähnlich wie ein Cochleaimplantat (eine Hörprothese für Gehörlose, deren Hörnerv noch funktioniert) eine gemeinhin neuronal realisierte kognitive Leistung ermöglicht. Wenn solche künstlichen Substitute überhaupt kognitive Prozesse realisieren können, dann sollte es keinen Unterschied machen, ob sie innerhalb oder außerhalb des Schädels platziert sind. Erweiterte kognitive Prozesse sind also zweifellos möglich. Offen ist lediglich, ob es dafür ausgefeilter, derzeit womöglich nur eingeschränkt verfügbarer Technologien bedarf oder ob erweiterte kognitive Prozesse bereits die Regel sind.

Die These, dass kognitive Prozesse erweitert sind (*extended cognition*), ist zudem zu unterscheiden von der Frage danach, ob auch mentale Zustände erweitert sind (*extended mind*). Als mental gelten gewöhnlich jene bewussten Zustände, auf die sich alltagspsychologische Handlungserklärungen beziehen, also Absichten, Überzeugungen, Empfindungen usw., während als kognitiv jene Prozesse gelten, welche die Kognitionswissenschaft als Mechanismen intelligenter Leistungen wie Problemlösen, Sprachverarbeitung, Lernen usw. identifiziert. Ob für mentale Zustände dieselben Überlegungen greifen wie für kognitive Prozesse, ist gegenwärtig unklar – unter anderem weil die Unterscheidung zwischen Kognition und Geist selten ausdrücklich thematisiert wird. Selbst jene, die der Meinung sind, dass zumindest einige mentale Zustände (zum Beispiel Ottos Überzeugungen) ebenso erweitert sind wie kognitive Prozesse, unterscheiden manchmal zwischen intentionalen Zuständen (Absichten, Überzeugungen usw.) und phänomenalen Zuständen (Empfindungen, Emotionen usw.). Clark etwa kritisiert ausdrücklich den Versuch, visuelle Wahrnehmung auf sensomotorisches Wissen zurückzuführen und so jenseits des Gehirns in komplexen Interaktionen mit der Umwelt zu verorten. Seiner Meinung nach erfordert phänomenales Erleben eine so schnelle und komplexe Informationsverarbeitung, dass unsere Verbindung zur Umwelt schlicht nicht über die erforderliche »Bandbreite« verfügt, um die Umwelt als Konstituent in unser phänomenales Erleben zu integrieren. Anders als bei kognitiven Prozessen und zumindest einigen intentionalen Zuständen trägt die Umwelt laut Clark bei phänomenalen Zuständen daher lediglich kausal zur eigentlichen neuronalen Maschinerie bei, ist aber nicht konstitutiv dafür.[120]

Darüber hinaus kommen nicht alle Prozesse jenseits der Gehirngrenzen als Konstituenten kognitiver Prozesse im Sinne der Erweiterungsthese gleichermaßen infrage. Zum einen werden zum Beispiel Gesten und andere Körperbewegungen gerne zur Aufweichung einer gehirnzentrierten Auffassung von Kognition herangezogen, fallen eigentlich aber unter die Idee der Verkörperlichung (s. Kap. 6).[121] Zum anderen befinden sich soziale Ressourcen wie andere Akteure, Institutionen und sonstige kulturell verankerte Strukturen zwar jenseits der Körpergrenzen, sind für die Erweiterungsthese im engen Sinne aber auch wenig einschlägig: Phänomene dieser

Art werden in der Regel vielmehr unter dem Stichwort der »verteilten« Kognition erörtert (s. Kap. 9). Da natürliche Ressourcen (Bäume, Sonnenstrahlen usw.) im Zusammenhang mit der Erweiterungsthese auch nebensächlich sind und ihren Platz eher im Kontext sensomotorischer Wahrnehmungstheorien haben (s. Kap. 7), bleiben als Kandidaten für die externen Konstituenten kognitiver Prozesse im Wesentlichen Artefakte: moderne Technologien wie Taschenrechner, Handys und Computer sowie klassische Hilfsmittel wie Bleistift und Papier, Scrabblesteine oder Abakusse.

Die Erweiterungsthese ist also eine Konstitutionsthese: Die Umwelt ist kein bloßes Reservoir von Hilfsmitteln, die bei entsprechender Verwendung kausal zu unseren Fertigkeiten beitragen, weil viele kognitive Prozesse bereits heute nicht mehr nur neuronal, sondern durch hybride Prozesse konstituiert sind, die Gehirn, Körper sowie technische und nichttechnische Artefakte in der Umwelt umfassen.

Auf den ersten Blick erscheint es merkwürdig, dass etwa ein Smartphone oder der Bleistift, mit dem wir das Kreuzworträtsel in der Tageszeitung lösen, im selben (oder doch einem sehr ähnlichen) Sinne Teil unserer kognitiven Maschinerie sein sollen wie unser Gehirn. Aber selbst wenn die Vorstellung erweiterter kognitiver Prozesse kontraintuitiv ist, ist sie nicht offensichtlich absurd. Wenn es ein schlüssiges Argument für die Erweiterungsthese gibt, dann sollten wir uns ihr nicht verschließen, und wenn wir sie nicht akzeptieren möchten, dann sollten wir ein schlüssiges Argument präsentieren, das aufdeckt, was genau falsch daran ist. Was also sind die zentralen Argumente?

Eine entscheidende Rolle spielte von Anfang an die Vorstellung, dass externe Ressourcen durch eine entsprechend enge Koppelung (*coupling*) an einen Akteur so in dessen kognitive Architektur integriert werden, dass sie wie beim Alzheimerpatienten Otto die Funktion neuronaler Prozesse übernehmen können. Insbesondere zu Anfang der Debatte schlossen einige Autoren von einer solchen kausalen Koppelung unmittelbar auf das Vorliegen einer Konstitutionsbeziehung. Allerdings haben zum Beispiel Fred Adams und Ken Aizawa unter dem Schlagwort *coupling/constitution fallacy* völlig zu Recht darauf hingewiesen, dass dieser Schluss nicht allgemein gültig ist.[122] Der Übergang von einer intensiven kausalen Koppelung zu einem einzigen hybriden Prozess ist zwar nicht immer illegitim; plausible Kriterien dafür, wann er gerechtfertigt ist, fehlen bislang jedoch, unter anderem weil die theoretisch wohlmotivierte Unterscheidung zwischen kausaler Abhängigkeit und Konstitution in der Praxis oftmals vage zu sein scheint. Prozessor und Arbeitsspeicher zum Beispiel sind ebenso eindeutig Konstituenten eines Computers, wie die Retina oder der optische Nerv konstitutiv für visuelle Wahrnehmung sind, und die Stromproduktion im Elektrizitätswerk trägt ebenso eindeutig nur kausal dazu bei, dass der Computer funktioniert, wie geeignete Lichtverhältnisse kausal zum eigentlichen Wahrnehmungsprozess beitragen, aber nicht mit konstitutiv dafür sind. Dazwischen allerdings liegt eine Grauzone: Sind Netzkabel oder bootfähige USB-Sticks Konstituenten eines Computers oder nur externe Ressourcen? Sind extrakranielle neuronale Prothesen oder Ottos Notizbuch Konstituenten der entsprechenden kognitiven Prozesse oder tragen sie lediglich kausal dazu bei? Was ist mit Brillen, Kontaktlinsen oder Hörgeräten? Was mit der Entspannungs-CD, welche die verloren gegangene Konzentration wiederherstellt? Zwischen den konstitutiven Bestandteilen eines Systems und den kausalen Randbedingungen muss es eine Grenze geben. Eine prinzipielle und begründete Grenzziehung scheint allerdings schwierig zu sein. Solange wir in dieser Hinsicht keine Fortschritte erzielen, droht nicht nur die Diskussion um Abhängigkeit oder Konstitution, die weite Teile der Debatte bestimmt, ins Leere zu laufen, sondern auch das zentrale Abgrenzungskriterium gegenüber den in Kapitel 7 vorgestellten Ansätzen verloren zu gehen. Clark und Chalmers motivierten die Erweiterungsthese ursprünglich durch eine inzwischen als »Paritätsprinzip« bekannte Überlegung, die ihren Ausgang letztlich gleichfalls in der Idee nimmt, dass hybride Prozesse im Hinblick auf ihren Beitrag zu unseren kognitiven Leistungen neuronalen Prozessen gleichwertig sein können. Wir sollten einen Prozess in der Umwelt demnach dann als Realisierer eines kognitiven Prozesses akzeptieren, wenn wir nicht zögerten, ihn als solchen anzuerkennen, fände er innerhalb der Grenzen des Gehirns statt.[123] Als Argument für die Erweiterungsthese ist dieses Prinzip jedoch entweder unzureichend oder überflüssig: Aus ihm folgt nur dann, dass hybride Prozesse kognitiv sind, wenn die entsprechenden internen Prozesse kognitiv sind, und ob dies so ist, kann das Paritätsprinzip alleine uns nicht sagen. Hätten wir jedoch ein Kriterium dafür, was einen Prozess zu einem kognitiven Prozess macht, dann wäre der argumentative Umweg über das Paritätsprinzip überflüssig, da wir ja nur schauen müssten, ob der hybride Prozess das fragliche Kriterium erfüllt. Clark hat inzwischen mehrfach betont, dass das Paritätsprinzip nicht als Argument für die Erweiterungsthese intendiert war, sondern als »Gleichberechtigungsprinzip« lediglich einem übertriebenen »Neurozentrismus« vorbeugen sollte, der externen Ressourcen den Status des Kognitiven automatisch abspricht, nur weil sie extern sind. Dagegen ist nichts einzuwenden, die Frage nach einem Argument für die Erweiterungsthese bleibt damit aber unbeantwortet.[124]

Die Vorstellung, dass hybride und neuronale Prozesse gleichwertig sein können, legt es natürlich nahe, die Erweiterungsthese funktionalistisch zu motivieren: Wenn kognitive Prozesse funktional individuiert werden und hybride und neuronale Prozesse funktional äquivalent sind, dann sind hybride Prozesse natürlich ebenso kognitiv wie neuronale. Die Erweiterungsthese wäre damit schlicht das Resultat eines konsequent zu Ende gedachten Funktionalismus, und die Einträge in Ottos Notizbuch erwiesen sich lediglich als weiterer Fall jener multiplen Realisierbarkeit, die uns aus der Philosophie des Geistes nur allzu vertraut ist.[125] Ein zwingendes Argument ist allerdings auch das nicht. Erstens wäre selbst dann, wenn der Funktionalismus implizierte, dass kognitive Prozesse erweitert sind, unklar, ob man darin ein Argument für die Erweiterungsthese oder vielmehr eine *reductio ad absurdum* des Funktionalismus sehen sollte.[126] Zweitens ist keinesfalls offensichtlich, dass eine plausible Form des Funktionalismus die Erweiterungsthese impliziert. Auf einer relativ allgemeinen funktionalistischen Beschreibungsebene mögen hybride und neuronale Prozesse funktional äquivalent sein. Allerdings setzt sich ein entsprechend grobkörniger Common-Sense-Funktionalismus, der kognitive Prozesse über Plattitüden wie »Sich an etwas erinnern heißt, die Information bei Bedarf abrufen zu können« individuiert, dem Einwand der kognitiven Inflation aus, das heißt dem Vorwurf, mit dem Begriff des Kognitiven zu liberal umzugehen (s. u.). Darüber hinaus ist völlig unklar, warum im Kontext der von der Erweiterungsthese ausdrücklich angestrebten Ausweitung kognitionswissenschaftlicher Forschungsansätze und Methoden ausgerechnet Common-Sense-Plattitüden maßgeblich sein sollen. Gibt man jedoch den Common-Sense-Funktionalismus zugunsten einer feinkörnigeren Beschreibungsebene im Sinne eines wissenschaftsnäheren Psychofunktionalismus auf, unterscheiden sich hybride und neuronale Prozesse zum Teil erheblich: Otto unterliegt zum Beispiel nicht der Einschränkung, im Kurzzeitgedächtnis maximal 7±2 Informationseinheiten speichern zu können, oder dem Rezenzeffekt, wonach später eingehende Informationen die Erinnerungsleistung stärker beeinflussen als früher eingehende usw.[127] Eine funktionale Äquivalenz neuronaler und hybrider Prozesse besteht im Rahmen eines solchen empirischen Funktionalismus nicht.

Einige sehen das entscheidende Argument in dem größeren Potenzial, das die Erweiterungsthese im Vergleich zu den relevanten Alternativen, insbesondere den in Kapitel 7 diskutierten Ansätzen, für die Erklärungen und Methoden der Kognitionswissenschaft bereithält.[128] Erstens wurde aber eingewendet, dass die Erweiterungsthese und die relevanten Alternativen explanatorisch ununterscheidbar sind.[129] Zweitens greift dieses Argument nicht, wenn sich die Unterscheidung zwischen Abhängigkeit und Konstitution, welche die entscheidende Abgrenzung ermöglichen soll, in der Tat als rein theoretische erweist, die in der Praxis konsequenzlos bleibt (s. o.). Drittens ist fraglich, ob aus der situationsgebundenen Integration externer Ressourcen entstehende hybride Prozesse die ihnen zugeschriebenen Erklärungsleistungen überhaupt erbringen können. Dem sogenannten *Motley Crew Argument* (*motley crew* = zusammengewürfelter Haufen) zufolge sind sie im Gegensatz zu neuronalen Prozessen nämlich zu kurzlebig und aufgrund der potenziellen Diversität der externen Ressourcen kausal zu heterogen, um als Forschungsgegenstand der Kognitionswissenschaft überhaupt infrage zu kommen, geschweige denn neue Erklärungsansätze, Methoden oder Perspektiven zu eröffnen.[130] Clark hat zwar argumentiert, hybride Prozesse könnten ungeachtet ihrer niederstufigen Diversität höherstufige, grobkörnig beschreibbare Gemeinsamkeiten aufweisen und so »wissenschaftlich respektabel« werden.[131] Dies führt jedoch geradewegs zurück zu den oben angesprochenen Schwierigkeiten mit dem Common-Sense-Funktionalismus.

Im Zusammenhang mit dem Paritätsprinzip wurde bereits angedeutet, dass wir im Einzelfall entscheiden könnten, ob hybride Prozesse erweitert sind, wenn wir wüssten, was die individuell notwendigen und zusammen hinreichenden Bedingungen dafür sind, dass ein Prozess kognitiv ist. Einige Autoren versuchen dementsprechend, einen Kognitionsbegriff zu formulieren, der liberal genug ist, um zumindest einige hybride Prozesse zu erfassen, zugleich aber nicht so liberal, dass er die Erweiterungsthese durch eine sogenannte kognitive Inflation (*cognitive bloat*) ad absurdum führen würde.[132] Ein solcher Kognitionsbegriff muss so sein, dass nicht jede externe Ressource, die zu einem kognitiven Prozess beiträgt, damit eo ipso auch zu seinem Konstituenten wird – gute Lichtverhältnisse etwa tragen zu visuellen Wahrnehmungsleistungen bei, konstituieren sie deshalb aber nicht. Aus diesem Grund kann Kognition auch nicht einfach mit Informationsverarbeitung oder Prozessen in einem dynamischen System gleichgesetzt werden – beides mag notwendig für Kognition sein, als hinreichende Bedingung jedoch ist es inadäquat. Die Frage ist, was noch hinzukommen muss, damit offensichtliche Gegenbeispiele ausgeschlossen, zumindest einige hybride Prozesse aber eingefangen werden. Es erscheint gegenwärtig eher fraglich, dass diese Gratwanderung zwischen einem zu restriktiven und einem zu liberalen Kognitionsbegriff gelingen kann, zumal einige Autoren nachdrücklich dafür argumentieren, dass das einzig plausible Kriterium für das, was als Kognition gelten kann, derzeit nur von neuronalen Prozessen erfüllt wird.[133] Zwar bestreiten andere ausdrücklich, dass ein derartiges Kriterium (ein sogenanntes *mark of the cognitive*) notwendig ist[134], ein solcher Agnostizismus erscheint jedoch unhaltbar: Man kann kaum sinnvoll über das Wo kognitiver Prozesse diskutieren, wenn noch nicht einmal ihr Was klar ist.[135] Zudem sollte man den Versuch, die Erweiterungsthese durch einen passenden Kognitionsbegriff zu begründen, nur dann aufgeben, wenn man andere Argumente anzubieten hat, und Alternativen sind wie gesehen kaum in Sicht.

Womöglich ist es aber gar nicht so wichtig, ob sich kognitive Prozesse in die Umwelt hinein erstrecken oder nur kausal von ihr abhängen. Unter Umständen müssen wir am Ende eingestehen, dass die Frage nach dem Ort kognitiver Prozesse sich aus philosophischer Sicht zwar stellt, sowohl lebensweltlich als auch für die kognitionswissenschaftliche Forschungspraxis aber von geringerer Bedeutung ist, als die derzeitige Debatte suggeriert. Eventuell müssen wir sogar noch einen Schritt weiter gehen und die Sinnhaftigkeit der Debatte um den Ort kognitiver Prozesse grundsätzlich infrage stellen (s. Kap 10).

9. Die Rolle des Sozialen: *Distributed Cognition*

Clarks Beschäftigung mit *Natural-Born Cyborgs* hat die Diskussion um die Konsequenzen der Integration externer Ressourcen weitgehend auf im weitesten Sinne technische Artefakte konzentriert (s. Kap. 8). In den Hintergrund getreten ist dabei, dass wir bei der intelligenten und effizienten Lösung von Problemen in der Praxis oft auch und vor allem auf andere kognitive Akteure zurückgreifen: Statt auf sein Notizbuch könnte sich Otto ebenso gut auf seine Ehefrau verlassen; und wie bereits Clark und Chalmers andeuteten, können wir den Kellner in unserem Stammrestaurant mit ähnlichem Recht als externes Repositorium unserer Überzeugungen über unsere Lieblingsgerichte ansehen.[136]

Edwin Hutchins hat kognitive Prozesse, die sich über Komplexe aus interagierenden Akteuren und technischen Ressourcen zu erstrecken scheinen, Ende der 1980er-Jahre als »verteilt« bezeichnet (*distributed cognition*).[137] Kognitive Leistungen, die wie zum Beispiel einige der in der Psychologie seit geraumer Zeit unter dem Stichwort eines Kollektivgedächtnisses diskutierten Erinnerungsleistungen ohne technische Ressourcen ausschließlich in sozialen Kollektiven vollbracht werden, ließen sich entsprechend als Fälle von »sozial verteilter Kognition« bezeichnen. Phänomene dieser Art führen unweigerlich zu der Frage, ob, und wenn ja unter welchen Bedingungen und in welchem Sinne, Kollektive selbst zu Trägern kognitiver Leistungen werden können, ob also so etwas wie Kollektivakteure oder *group minds* möglich sind.

Hutchins geht es um kognitive Leistungen, die überhaupt erst durch die Interaktion mehrerer Akteure, gegebenenfalls unter Zuhilfenahme technischer Ressourcen, möglich werden. Wie Wilson mit seinem *wide computationalism* (s. Kap. 8) geht er dabei von einer computationalistischen Konzeption von Kognition aus. Allerdings bestehen die maßgeblichen Berechnungsprozesse seiner Meinung nach nicht nur in der Transformation interner mentaler Repräsentationen, sondern machen in einigen Fällen auch von hybriden Repräsentationen Gebrauch, die sich über verschiedenste Medien erstrecken und zum Teil auch andere Akteure einschließen. Entsprechend sind kognitive Prozesse in solchen Fällen in dem Sinne »verteilt«, dass sie durch die interagierenden Mitglieder eines Kollektivs und deren technische Ressourcen implementiert werden.

Die Navigation eines großen Schiffes beim Einlaufen in den Hafen, so Hutchins zum Beispiel, war vor dem GPS-Zeitalter eine so komplexe Angelegenheit, dass ein einzelner Akteur alleine die dafür erforderlichen Teilaufgaben überhaupt nicht erledigen konnte – unter anderem musste an verschiedenen Punkten des Schiffs gleichzeitig die relative Position zu vorgegebenen Landmarken bestimmt, daraus zusammen mit anderen Daten sowohl die aktuelle als auch die zu einem zukünftigen Zeitpunkt erwartete absolute Position berechnet und beides auf einer speziellen Karte dokumentiert werden. Dieser Navigationsprozess erforderte nicht nur die koordinierte Interaktion mehrerer Akteure untereinander und mit technischen Ressourcen, die adäquate Umsetzung dieser Interaktionen hing insbesondere auch von den Eigenheiten der sozialen (in diesem Fall zum Beispiel militärischen) Hierarchie der Beteiligten ab.[138] Navigation dieser Art war daher eine verteilte kognitive Leistung, die nicht von einzelnen Akteuren, sondern nur von einem entsprechend organisierten, sozial strukturierten und technisch unterstützten Kollektiv zu erbringen war.

Verteilte kognitive Prozesse dieser Art wurden in der Folgezeit unter anderem auch unter Cockpitcrews und Callcentermitarbeitern sowie in der kriminalistischen Spurensicherung dokumentiert und analysiert.[139] In der Philosophie haben kürzlich zum Beispiel der Wissenschaftstheoretiker Ronald Giere und der Sozialphilosoph Christian List dafür argumentiert, dass sich auch wissenschaftliche Forschung (insbesondere in großen Verbundforschungsvorhaben) sowie Entscheidungen in Gruppen im Sinne verteilter kognitiver Prozesse analysieren lassen. Bryce Huebner hat sich darüber hinaus dafür ausgesprochen, dass entsprechend organisierte Schiffsbesatzungen, Wahlkampfteams usw. auch die für Emotionen charakteristischen computationalen Prozesse und repräsentationalen Zustände implementieren und damit zu Trägern von verteilten affektiven Zuständen wie zum Beispiel Angst werden können (s. Kap. 11).[140]

Als Spezialfall können, wie erwähnt, jene kognitiven Leistungen gelten, die soziale Kollektive ohne Unterstützung durch technische Ressourcen erbringen. Unsere Gedächtnisleistungen etwa mögen zwar von unserem Körper (s. Kap. 6) sowie von einer entsprechend strukturierten Umwelt abhängen (s. Kap. 7) und womöglich auch durch technische Ressourcen realisiert werden (s. Kap. 8). Sie unterliegen allerdings zum Teil auch sozialen Einflüssen, die gegenwärtig unter anderem in Studien zum sogenannten Kollektivgedächtnis (*collective memory*) erforscht werden. Der Ausdruck geht zurück auf den Philosophen und Soziologen Maurice Halbwachs, der damit soziale bzw. historische Erinnerungen (beispielsweise an den Ersten Weltkrieg) im Unterschied zu individuellen, autobiografischen, Erinnerungen bezeichnete. In den Sozial- und Kulturwissenschaften ist die Vorstellung eines Kollektivgedächtnisses seit Langem etabliert und wird dort unter anderem im Kontext eines National- oder Kulturgedächtnisses intensiv diskutiert (etwa die Erinnerung Deutschlands an den Holocaust oder auch die Summe an Kulturgütern, historischen Artefakten usw. einer Gemeinschaft).[141] In der kognitiven Psychologie hingegen ist sie erst seit ein paar Jahren ein Thema, zum Teil ausdrücklich in Anlehnung an Theorien situierter und insbesondere verteilter Kognition.[142] Untersucht werden dort zum Beispiel transaktive Erinnerungssysteme: Entsprechend organisierte Kollektive erbringen durch spezielle Aufgabenverteilung und gegenseitiges *cross-cueing* üblicherweise mehr und qualitativ bessere Erinnerungsleistungen als ihre Mitglieder allein, insbesondere dann, wenn es sich um sozial eng verbundene Gruppen (Paare, Familien, Arbeitskollegen, Schulkameraden usw.) handelt.[143] Wie bei Hutchins sollen die für die Erinnerungsleistung erforderlichen Teilaufgaben – in diesem Fall etwa die Encodierung, Speicherung und Rekonstruktion von Information – nur Kollektiven als komplexen computationalen Systemen, nicht aber ihren einzelnen Mitgliedern zugeschrieben werden. Interessanterweise schneiden Kollektive dabei besser ab als jedes einzelne Mitglied, erreichen als Gruppe aber nicht die absolute Summe der Einzelergebnisse (*collaborative inhibition*).[144] Nur handelt es sich bei derartigen Kollektiverinnerungen eben um rein sozial verteilte kognitive Prozesse, da technische Ressourcen keine Rolle spielen.

Anhänger erweiterter und verteilter Kognition sind sich darüber einig, dass kognitive Prozesse zum Teil durch externe Ressourcen realisiert sind. Anders als erweiterte umfassen verteilte kognitive Prozesse allerdings nicht nur Artefakte, sondern auch (bzw. als sozial verteilte Prozesse ausschließlich) andere Akteure. Ein weiterer Unterschied scheint darin zu liegen, dass die externen Ressourcen bei erweiterten Prozessen in die kognitive Binnenarchitektur eines einzelnen Akteurs integriert werden, der als kognitiver Kern fungiert, während es einen solchen Kern bei verteilten Prozessen offenbar gerade nicht gibt: Es scheint Otto zu sein, der sich mithilfe seines Notizbuchs erinnert, aber es soll nicht der Lotse sein, der navigiert, und es soll auch nicht der Ehemann sein, der sich in einem komplexen, seine Ehefrau mit umfassenden Prozess daran erinnert, wo sie ihre erste Verabredung hatten, sondern das jeweilige Kollektiv. Die Konsequenz wäre eine merkwürdige Zweiteilung – es wäre Otto, der sich erinnert, wenn er sich auf sein Notizbuch verlässt, aber das Kollektiv, wenn er sich auf seine Frau verlässt.

Man kann diese Spannung erstens dadurch aufzulösen versuchen, dass man im Anschluss an Clark auch die erweiterten

Erinnerungen nicht Otto, sondern dem komplexen Otto-plus-Notizbuch-System zuschreibt. Dies läuft allerdings unserer etablierten Zuschreibungspraxis mentaler Zustände eklatant zuwider und ist daher insbesondere so lange problematisch, wie wir den dafür erforderlichen liberalen Systembegriff nicht zufriedenstellend ausbuchstabieren können und mit der Hinwendung zu komplexen hybriden Systemen kein erkennbarer explanatorischer Vorteil einhergeht (s. Kap. 8). Zudem hätte das Otto-plus-Notizbuch-System nach wie vor einen einzelnen Akteur als kognitiven Kern, den es bei verteilten kognitiven Prozessen so nicht zu geben scheint.

Zweitens kann man auch dann von Ottos Erinnerungen sprechen, wenn er sich auf seine Ehefrau verlässt, und verteilte Prozesse ohne individuelle Träger nur größeren Kollektiven zuschreiben. Unklar bleibt dann allerdings, wie und wo die Grenze gezogen werden soll zwischen jenen hybriden Prozessen, die einen Akteur, und jenen, die Kollektive als Träger haben.

Darüber hinaus schreiben beide Strategien einige kognitive Leistungen nicht Individuen, sondern nur entsprechend organisierten und gegebenenfalls technisch unterstützten sozialen Kollektiven zu, und die Frage bleibt, wie sinnvoll das ist. Zweifellos erklären wir das Verhalten von Kollektiven wie Aufsichtsräten, Staaten oder Fußballmannschaften im Alltag sehr oft und mit Erfolg, indem wir sagen, sie hätten dieses oder jenes entschieden, entdeckt, verheimlicht, beabsichtigt usw. Aber sind diese Zuschreibungen tatsächlich realistisch zu interpretieren und nicht bloß elliptisch? Welche ontologischen Verpflichtungen gehen wir ein, wenn wir sie realistisch verstehen? In welchem Sinne und unter welchen Bedingungen können Kollektive wie Schiffsbesatzungen, Ehepaare, Glaubensgemeinschaften, Firmen oder Sportverbände zu eigenständigen Akteuren und zu Trägern kognitiver Leistungen werden?

Group minds dieser Art werden in der Philosophie traditionell eher skeptisch betrachtet.[145] Deborah Tollefsen hat zwar dafür argumentiert, dass diese Skepsis größtenteils auf der Intuition beruht, dass kognitive Leistungen an ein (bei Kollektiven fehlendes) Gehirn geknüpft sind, und damit sowieso obsolet werden sollte, sobald wir diese Intuition aufgeben und erweiterte kognitive Prozesse anerkennen.[146] Dies übersieht jedoch zum einen, dass es bei erweiterten kognitiven Prozessen nach wie vor einen Akteur und sein Gehirn als kognitiven Kern gibt, bei verteilten Prozessen und *group minds* hingegen nicht. Zum anderen liegt der Hauptgrund für unsere Skepsis gegenüber *group minds* anscheinend weniger in einer gehirnzentrierten Auffassung von Kognition als vielmehr darin, dass sie ontologisch inflationär erscheinen, ohne dass mit ihnen ein erkennbarer Zuwachs an explanatorischem Potenzial verbunden wäre: Alles, was mittels Kollektiven erklärt werden kann, lässt sich anscheinend ebenso gut ohne Rekurs auf emergente Kollektivphänomene als aggregatives Resultat der individuellen Leistungen der einzelnen Mitglieder und ihrer entsprechenden Interaktion verstehen und erklären.[147]

Vor diesem Hintergrund liegt es daher nahe, die scheinbare Spannung zwischen erweiterten und verteilten kognitiven Prozessen drittens dadurch aufzulösen, dass man verteilte Prozesse erweiterten angleicht, indem man sie immer einem Akteur, zum Beispiel Otto oder dem Lotsen, zuschreibt und andere Akteure schlicht als externe Ressourcen *inter pares* betrachtet. Damit hat man erstens ein einheitliches Framework für verteilte und erweiterte Prozesse und vermeidet zweitens die ontologisch suspekte Kategorie von *group minds*. Eine solche Strategie verfolgt unter anderem Wilsons *Social Manifestation Thesis*, gemäß der einige kognitive Leistungen zwar nur von Individuen zu erbringen sind, die einem entsprechend organisierten und gegebenenfalls technisch unterstützten sozialen Kollektiv angehören, die Kollektive selbst aber nicht Träger kognitiver Leistungen sind. So soll dem wesentlich sozialen Charakter einiger kognitiver Leistungen Rechnung getragen werden, ohne die Existenz von *group minds* anerkennen zu müssen.[148] Allerdings muss in diesem Fall natürlich für jeden verteilten kognitiven Prozess ein Akteur als kognitiver Kern identifiziert werden, was manchmal plausibel sein mag, aber in dem Maße problematisch wird, wie das entsprechende Kollektiv aus gleichrangigen Akteuren besteht, von denen hinsichtlich des Gesamtverhaltens keiner hervorsticht: Es war eben nicht ein einzelner Abgeordneter, der 1955 im Zusammenspiel mit seinen Kollegen entschied, die Pariser Verträge zu ratifizieren, sondern der Deutsche Bundestag.

Die in diesem Kapitel skizzierten Überlegungen schließen inhaltlich an eine Reihe primär philosophischer Diskussionsstränge an. Zum einen bestehen Anknüpfungspunkte zur sehr viel breiter angelegten philosophischen Debatte um den Antiindividualismus (s. Kap. 8). Zum anderen gibt es Verbindungen zur sozialen Erkenntnistheorie, die sich seit den 1970er-Jahren mit Fragen nach den sozialen Bedingungen von epistemischen und kognitiven Idealen wie Wahrheit, Rechtfertigung, Irrtumsvermeidung usw. in alltäglichen und insbesondere auch wissenschaftlichen Kontexten beschäftigt.

Unter dem Stichwort der sozialen Kognition (*social cognition*) erörtern Psychologie und Philosophie darüber hinaus die affektiven und kognitiven Grundlagen unserer Fähigkeit, andere als Wesen mit mentalen Zuständen und soziale Interaktionspartner zu erkennen. Dabei geht es jedoch vorrangig darum, dass das Soziale als Objekt kognitiver Prozesse Probleme bereitet, die durch Mechanismen zur Aufdeckung der mentalen Zustände anderer (eine sogenannte *theory of mind*) gelöst werden müssen, und nicht darum, dass das Soziale im Rahmen unserer Interaktionen selbst zu einer wertvollen kognitiven Ressource von Individuen wird.[149]

Auf wiederum ganz andere Weise schließlich nähert sich der im folgenden Kapitel diskutierte Enaktivismus der Rolle, welche die Interaktion eines Akteurs mit seiner natürlichen, technischen und sozialen Umwelt für dessen kognitive Leistungen spielt: Kognition wird dort als raumzeitlich nicht lokalisierbarer, wesentlich relationaler Prozess einer speziellen Art von Sinnstiftung aufgefasst, durch den ein System im Rahmen seiner verkörperlichten Interaktion mit seiner Umgebung Bedeutung und eine subjektive Perspektive auf die Welt hervorbringt.

10. Die Rolle der Interaktion:
Enacted Cognition

Anders als die bisher betrachteten Positionen hat der Enaktivismus seine Wurzeln primär nicht in den traditionellen Kerndisziplinen der Kognitionswissenschaft, sondern verbindet Elemente von Strömungen, die der klassischen Philosophie der Kognition eher fremd sind, darunter die Philosophie des Lebens von Hans Jonas, die Autopoiesistheorie von Francisco Varela und Humberto Maturana sowie die Phänomenologie von Merleau-Ponty.[150] Für Uneingeweihte wirkt er daher oftmals idiosynkratisch und unzugänglich, manchmal sogar mysteriös. Seit seiner ursprünglichen Präsentation 1991 in *The Embodied Mind* von Varela, Evan Thompson und Eleanor Rosch ist der Enaktivismus jedoch ein fester Bestandteil der einschlägigen Theorienlandschaft.

In einem engen Sinne ist der Enaktivismus eine auf Varelas Arbeiten zurückgehende Position, die in der Folgezeit von anderen weiterentwickelt wurde, die Varelas Projekt einer Alternative zum Kognitivismus fortgeführt haben und ein »neues Paradigma der Kognitionswissenschaft«[151] zu etablieren versuchen. In einem weiten Sinne werden oft auch zwei weitere Strömungen als »Enaktivismus« bezeichnet, die im Gegensatz zum eigentlichen Enaktivismus aber einen viel begrenzteren Geltungsanspruch erheben: Ansätze aus der sogenannten Neurophänomenologie, welche die Kognitionswissenschaft um Erkenntnisse und Methoden phänomenologischer und kontemplativer Traditionen zu bereichern versuchen, und sensomotorische Wahrnehmungstheorien, die Wahrnehmung mit der aktiven Exploration der Umwelt identifizieren.

Ausgangspunkt von Varela, Thompson und Rosch war die Überlegung, dass die Kognitionswissenschaft zwar den klassischen Dualismus von Geist und Körper bzw. Materie überwunden hat, durch die Annahme, dass wir über detaillierte interne Repräsentationen einer unabhängig von uns existierenden Umwelt verfügen, aber immer noch ein von der Welt losgelöstes Selbst postulieren muss, das sich in dieser vorgefertigten Welt zurechtzufinden hat. Der Enaktivismus soll auch diesen letzten Rest an »cartesianischem Unbehagen« (*Cartesian anxiety*)[152] überwinden, indem er das Computermodell des Geistes aufgibt und Kognition statt als Informationsverarbeitung konsequent antirepräsentationalistisch als Merkmal lebendiger Organismen versteht, in und durch deren Interaktion mit ihrer Umgebung Sinnhaftigkeit, und damit eine Umwelt im eigentlichen Sinne, überhaupt erst hervorgebracht (*enacted*) wird. Daraus ergibt sich die sogenannte Kontinuitätsthese von Leben und Geist (*life-mind continuity thesis*), wonach lebendige Systeme kognitive Systeme sind und der Prozess des Lebens ein Prozess der Kognition ist.[153] Hinter dieser auf den ersten Blick eigenwilligen Gleichsetzung von Leben und Kognition steht die Überlegung, dass Kognition eine Art Sinnstiftung (*sense making*) ist, die sich aus der Interaktion autonomer und adaptiver Systeme mit ihrer Umgebung ergibt, und lebendige Organismen immer schon im erforderlichen Sinne autonom und adaptiv sind. Leben und Kognition sind also insofern eins, als höhere kognitive Leistungen Prinzipien folgen, unter die auch schon einfachste Lebensformen fallen – auch wenn menschliche Kognition zweifelsohne anders ausgeprägt ist als etwa die von Bakterien, Einzellern oder Amöben.

Diese auf Varela zurückgehende Spielart des Enaktivismus ist eng verknüpft mit dem Begriff der Autopoiese. In der Biologie ist damit die zirkuläre Selbsterschaffung bzw. Selbsterhaltung als grundlegendes Organisationsprinzip und Minimalbedingung lebendiger Systeme gemeint. Autopoietische Systeme sind Einheiten der Selbstorganisation, genauer gesagt komplexe Netzwerke von Produktions- und Zerfallsprozessen, deren Komponenten so miteinander interagieren, dass sie das sie hervorbringende Netzwerk zugleich selbst kontinuierlich erhalten und in der jeweiligen Umgebung als Einheit konstituieren.[154] Autopoietische Systeme sind operational geschlossen, das heißt, jeder systeminterne Prozess wird von anderen systeminternen Prozessen bedingt und bedingt seinerseits andere systeminterne Prozesse. Autopoietische Systeme konstituieren sich als Einheit, als »Identität«, indem durch ihre operationale Geschlossenheit eine Grenze zwischen systeminternen und -fremden Prozessen entsteht: Eine Zelle zum Beispiel produziert eine semipermeable Membran als physisch-räumliche Grenze zwischen sich als operational geschlossenem System und der systemfremden chemischen Umgebung. Da der dafür erforderliche Metabolismus Energie benötigt, die nur durch eine unablässige Interaktion mit der Umgebung gewonnen werden kann, sind autopoietische Systeme ungeachtet ihrer operationalen Geschlossenheit energetisch oder thermodynamisch offen. Durch solche organisationserhaltenden Interaktionen mit der Umgebung, sogenannte strukturelle Koppelungen (*structural couplings*), verwirklichen autopoietische Systeme ihr Ziel des Selbsterhalts und vermeiden so ihren Zerfall, also ihren Tod.[155] Diese Spannung zwischen Selbsterhalt und Zerfall definiert eine Überlebensnorm, durch die Ereignisse in der Umgebung für solche Systeme Bedeutung erlangen als etwas, was für ihr Überleben gut oder schlecht ist. Auf diese Weise entsteht eine Perspektive (*point of view*), durch welche die neutrale, wertfreie Welt zu einer für das System bedeutungsvollen, werthaften und normtragenden Umwelt wird. Darin besteht die ursprünglichste Form jenes *sense making*, das, wie das Beispiel der Zelle illustriert, seinen Ursprung in grundlegenden Prinzipien des Lebens hat und im Zuge der Kontinuitätsthese von Leben und Geist auch im Menschen den Wesenskern von Kognition ausmacht: Grundlage von Kognition ist demnach nicht die Repräsentation einer unabhängig von uns existierenden Welt, sondern das verkörperlichte Handeln in einer Umwelt, die nicht passiv von uns erkannt wird, sondern als

Umwelt überhaupt erst durch unsere strukturelle Koppelung mit unserer Umgebung entsteht (s. u.).[156]

Allerdings ist Autopoiese als Bedingung von *sense making* in einer Hinsicht zu stark, in anderer Hinsicht zu schwach, wodurch die oben angesprochenen Begriffe der Autonomie und Adaptivität ins Spiel kommen.

Im Anschluss an Varela definiert Thompson autonome Systeme als Netzwerke aus rekursiv voneinander abhängigen Prozessen, die das System in jeder Umgebung als Einheit konstituieren und ein Spektrum festlegen, in dem sich mögliche Interaktionen mit der Umgebung bewegen müssen, damit sein Ziel des Selbsterhalts nicht gefährdet wird.[157] Diese Definition fängt im Wesentlichen die operationale Geschlossenheit autopoietischer Systeme ein. Darüber hinaus erfordert Autopoiesis jedoch zusätzlich noch, dass operational geschlossene Systeme räumlich abgeschlossen sind – zum Beispiel wie bei einer Zelle durch eine Membran.[158] Vielen operational geschlossenen Systemen, etwa dem Nervensystem, dem Immunsystem oder Insektenstaaten, fehlt eine solche Grenze jedoch. Sie sind daher zwar autonom, aber nicht autopoietisch im engen Sinne – auch wenn womöglich nur Systeme, die autopoietische Systeme im engen Sinne als Konstituenten enthalten, autonom sein können.[159] Autopoietische Systeme im engen Sinne sind also eine echte Teilmenge autonomer Systeme. Notwendig für *sense making*, und damit Kognition, ist nur Autonomie, nicht Autopoiese im engen Sinne. Autonomie ist jedoch nicht hinreichend für *sense making*.[160]

Der Prozess der strukturellen Koppelung bewahrt den Status quo, kann aber nicht nach Verbesserung streben, weil er nicht gradierbar ist: Bleibt die Organisation eines Systems bei der Interaktion mit der Umgebung intakt, dann überlebt es; wenn nicht, dann stirbt es. Autopoiese bzw. Autonomie können daher nur »Alles-oder-nichts-Normen« und eine »duale Werthaftigkeit«[161] begründen, wonach etwas entweder gut oder schlecht ist, entweder anziehend oder abstoßend usw. Für *sense making* als Wesensmerkmal von Kognition reicht eine solche binäre Sicht nicht aus. Ein System muss vielmehr adaptiv sein, das heißt fähig, seine eigenen Zustände im Hinblick auf die Bedingungen seines Selbsterhalts aktiv zu regulieren, indem es seine Umgebung beobachtet, auf Veränderungen kompensatorisch reagiert und so toleranter gegenüber Einflüssen von außen wird; es muss nicht nur organisationserhaltende Interaktionen mit seiner Umgebung eingehen, sondern durch ein zielgerichtetes Verhalten, das von gradierbaren Normen und Werten (weniger oder mehr, besser oder schlechter, gesünder oder kränker usw.) geleitet wird, aktiv und asymmetrisch in diese Umgebung eingreifen und sich wechselseitig mit ihr bedingen.[162]

Aus diesen Überlegungen bezieht die zunächst vielleicht überraschende Gleichsetzung von Kognition und Leben ihre Motivation. Bedeutung ist nicht immer schon in einer unabhängig existierenden Welt vorhanden, sondern etwas Relationales, das in einem Prozess des *sense making* von einem adaptiven und autonomen System hervorgebracht wird, indem dieses Ereignisse in der Welt im Hinblick auf sein grundlegendes Ziel des Selbsterhalts als wertgeladen einstuft. So entsteht durch den seinem Ursprung nach biologischen und seinem Wesen nach emergenten[163] Prozess der Konstitution einer autonomen Identität eine Art von Perspektivität, aus der heraus Interaktionen mit der Umgebung einen normativen Status erhalten und die Welt überhaupt erst zu einer Umwelt im eigentlichen Sinne als etwas mit einem spezifischen subjektiven Wert wird.

Deutlich wird dieser Kontrast zum Beispiel in der Umweltlehre Jakob von Uexkülls, für den die subjektiv erlebte Umwelt immer nur ein Ausschnitt der objektiven Welt ist und im Wesentlichen das umfasst, was die moderne Biologie »ökologische Nische« nennt, das heißt das, was die Sinnesorgane eines Lebewesens registrieren (die »Merkwelt«) und worauf seine Reaktionen wirken (die »Wirkwelt«). Die Umwelt einer Zecke etwa enthält nur drei Merkmale – den Geruch von Buttersäure, durch den sie ihr Opfer identifiziert, seine Haare, an denen sie sich festhält, und die Hautwärme, die Nahrung anzeigt: »Die ganze reiche, die Zecke umgebende Welt schnurrt zusammen und verwandelt sich in ein ärmliches Gebilde, das zur Hauptsache noch aus 3 Merkmalen und 3 Wirkmalen besteht – ihre Umwelt.«[164]

Lebendige Systeme sind also kognitiv, weil sie aufgrund ihrer autonomen und adaptiven Organisation Bedeutungen und Normen folgen, die sie in ihrem Streben nach Selbsterhalt durch strukturelle Koppelung mit der Welt selbst generieren.[165]

Dieses Verständnis von Kognition lässt deutlich werden, warum Verkörperlichung für den Enaktivismus ein weiteres zentrales Motiv ist. Der Körper kann gar nicht im Sinne der klassischen Konzeption eine bloße »Behausung« des Gehirns als des eigentlichen Sitzes von Kognition sein, ein bloßes Medium, mit dessen Hilfe neuronale kognitive Prozesse die jeweilige Umwelt beeinflussen: Ein System kann überhaupt nur zu einem Prozess des *sense making* kommen, indem es durch seinen Körper Interaktionen mit der Welt erfährt und evaluiert. Aus diesem Grund hängt Kognition immer schon vom Körper ab. Bei dieser Abhängigkeit geht es jedoch nicht darum, dass der Körper einfach Teil jener repräsentationalen Berechnungsprozesse wird, die intelligentes Verhalten ermöglichen (s. Kap. 6). Versteht man Verkörperlichung auf diese Weise, beschwört man erstens wieder das eingangs erwähnte cartesianische Unbehagen herauf, weil man Geist bzw. Kognition als Funktion nach wie vor vom Körper als Implementierung dieser Funktion unterscheidet. Zweitens übersieht man, dass Kognition keine Operation über Repräsentationen der Umwelt sein kann, weil es eine solche in ihrer Bedeutungshaftigkeit zu *re-*präsentierende Umwelt unabhängig vom *sense making* überhaupt nicht gibt. Drittens ignoriert eine funktionalistische Vorstellung von Verkörperlichung, dass der Körper nie nur die Implementierung kognitiver Mechanismen sein kann, kein, wie Merleau-Ponty betont hat (s. Kap. 6), bloßes Objekt in einer objektiven und unabhängigen externen Welt, das auf dieselbe Weise aus einer Dritte-Person-Perspektive wahrnehmbar ist wie gewöhnliche Gegenstände auch. Der Körper ist vielmehr immer auch ein gelebter Körper (*lived body*), das heißt ein subjektiv erfahrener Leib, durch den wir überhaupt erst in der Welt situiert sind und uns auf sie beziehen sowie mit ihr kommunizieren können. Diese Vorstellung aufgreifend, versteht der Enaktivismus unter »Verkörperlichung« entsprechend die Tatsache, dass der Körper der ultimative und eigentliche Ursprung von Bedeutung und Kognition ist.[166]

Während Bewusstsein im Sinne subjektiver Erfahrung im Kognitivismus und in seinen Nachfolgerpositionen nahezu keine Rolle spielt, lässt die Rede vom Körper als subjektiv erfahrener Leib erkennen, dass Kognition und erlebte Subjektivität für den Enaktivismus untrennbar miteinander verbunden sind.[167] Indem kognitive Systeme sich in strukturellen Kopplungen als Identität hervorbringen und erhalten, entsteht wie gesehen eine spezifisch subjektive Perspektive auf ihre Umgebung. In einfachen Lebensformen ist diese Perspektivität eine minimale, ursprüngliche Form von Subjektivität, in komplexen Systemen wie dem Menschen entspricht sie einem ausgeprägten Empfindungsvermögen, das seine auf den Details seiner Verkörperlichung beruhenden kognitiven Fähigkeiten immer schon begleitet.

Diese spezifische Form von Subjektivität kann die Kognitionswissenschaft in ihren wissenschaftlichen Erklärungen aus einer objektiven Dritte-Person-Perspektive dem Enaktivismus zufolge nicht berücksichtigen. Aus seiner Sicht ist es daher unumgänglich, ihre Methodologie so durch phänomenologische und kontemplative Ansätze zu ergänzen, dass sich aus phänomenologisch geschulten Analysen des subjektiven Erlebens gewonnene Erkenntnisse einerseits und experimentelle Ansätze in der Kognitionswissenschaft andererseits als gleichberechtigte Partner befruchten und bedingen.[168]

Aus diesem Grund wird der Ausdruck »Enaktivismus« oft

auch im Zusammenhang mit der sogenannten Neurophänomenologie gebraucht, die subjektive und empirische Beschreibungsebenen methodologisch zusammenzuführen versucht und zum Beispiel durch phänomenologisches Training verbesserte Erste-Person-Berichte der Probanden in psychologischen oder neurowissenschaftlichen Studien erreichen möchte.[169] Umstritten ist dabei allerdings, ob ein gleichberechtigtes Nebeneinander von Phänomenologie und empirischen Wissenschaften tatsächlich zu realisieren ist oder ob eine solche Zusammenführung nicht automatisch zu einer »Naturalisierung der Phänomenologie« führt, die sie zu einem Teil der Naturwissenschaft werden lässt.[170]

Sensomotorische Wahrnehmungstheorien wie zum Beispiel der Ansatz von Noë, der Wahrnehmung antirepräsentationalistisch als eine Form von Handeln versteht, das heißt als etwas, was ein verkörperlichtes Subjekt im Rahmen seiner aktiven Exploration der Umwelt tut (s. Kap. 7), werden zeitweilig auch als »enaktiv« bezeichnet. Der Sache nach ist das allerdings irreführend. Erstens geht es ihnen nur darum, dass Wahrnehmung ein verkörperlichter und situativ eingebetteter Prozess ist, nicht in irgendeiner substanziellen Form um die Kontinuitätsthese von Leben und Geist.[171] Insbesondere sind sie zweitens nur an der subjektiven Qualität sensorischer Wahrnehmung interessiert, nicht aber an einer allgemeinen Theorie der Natur und Genese von Subjektivität, was sich unter anderem darin zeigt, dass der kognitive Akteur als dasjenige, was durch sein sensomotorisches Wissen eine Perspektive auf die Welt hat, in ihnen schlicht vorausgesetzt wird.[172]

Wie verhält sich der Enaktivismus im engen Sinne mit seiner Konzeption von Kognition als dynamisches, Gehirn, Körper und Umwelt umspannendes Phänomen, das durch die strukturelle Koppelung eines verkörperlichten Systems mit seiner Umwelt entsteht, zu anderen situierten Ansätzen? David Ward und Mog Stapleton zum Beispiel sehen im Enaktivismus die notwendigen und hinreichenden Bedingungen dafür, dass Kognition auch die in den vergangenen Kapiteln skizzierten Charakteristika aufweist, sodass Systeme, welche die Anforderungen des Enaktivismus erfüllen, zugleich immer auch verkörperlicht, situativ eingebettet und erweitert sind. Auch Thompson betont, dass kognitive Prozesse in den sensomotorischen Aktivitäten eines Organismus verkörperlicht und in seine Umwelt eingebettet sind.[173] Eine solche Nivellierung der verschiedenen Ansätze mag historisch ihre Berechtigung gehabt haben, da gerade zu Beginn der Debatte um situierte Kognition die verschiedenen extrakraniellen Aspekte und ihr unterschiedlicher Beitrag zu kognitiven Prozessen nicht sauber auseinandergehalten werden konnten. Angesichts der in den vergangenen Kapiteln skizzierten Differenzierungen und Präzisierungen scheint sie aber kaum mehr haltbar zu sein.

Der Enaktivismus ist zum Beispiel von vielen Diskussionen um Verkörperlichung abzugrenzen, weil er wie gesehen mit der dort vorausgesetzten Konzeption des Körpers unverträglich ist. Als wesentlich ganzheitliches Phänomen lässt sich Kognition für den Enaktivismus nicht im Sinne einer »boxology«[174] in funktionale Subsysteme unterteilen. Aus diesem Grund können Körper bzw. sensomotorische Strukturen für ihn grundsätzlich auch kein extrakranielles Surrogat solcher modularen Subsysteme sein, das deren repräsentationale Aufgaben übernimmt oder durch morphologische oder allgemein materielle Gestaltungsprinzipien umgeht, wie »klassische« Verkörperlichungsthesen annehmen (s. Kap. 6).

Mike Wheeler zufolge ist die Kontinuitätsthese von Leben und Geist darüber hinaus auch unverträglich mit der Erweiterungsthese, weil erweiterte kognitive Systeme gerade über die organismischen Grenzen lebendiger Systeme hinausgehen sollen.[175] Davon einmal abgesehen ist der Enaktivismus aus ganz anderen Gründen unverträglich mit der üblichen Lesart der Erweiterungsthese sowie mit allen anderen situierten Ansätzen. Zum einen stellt er sich mit seinem Antirepräsentationalismus grundsätzlich gegen alle computationalistischen Positionen. Zum anderen ist er mit keinem Ansatz, gleich ob computationalistisch oder dynamizistisch, in Einklang zu bringen, der eine These darüber aufstellt, welchen Platz kognitive Prozesse im Gesamtnexus von Gehirn, Körper und Umwelt einnehmen. Für den Enaktivismus ist diese Frage schlicht unsinnig, weil Kognition als wesentlich relationalem Phänomen überhaupt kein Ort zugesprochen werden kann.[176] Insofern die übrigen situierten Ansätze also einen Streit über das Wo kognitiver Prozesse führen, ist der Enaktivismus eine vollkommen eigenständige Position, die sich weder als Ergänzung anderer Ansätze noch als eine sie umfassende Theorie verstehen lässt.

Positiv hervorzuheben ist sicherlich der Versuch des Enaktivismus, die etablierte Trennung zwischen der subpersonalen Ebene kognitiver Prozesse und der personalen Ebene subjektiver Erfahrung zu überwinden. Eine entsprechende Tendenz ist in den anderen situierten Ansätzen gerade erst im Entstehen begriffen (s. Kap. 11). Es ist zudem müßig, darüber zu streiten, ob Bedeutung, Subjektivität, Kognition usw. sinnvoll als etwas verstanden werden können, was im Zuge der Kontinuitätsthese von Leben und Geist Einzellern ebenso zugesprochen werden kann wie dem Menschen. Eine gewisse Kontinuität ist offensichtlich, und der Enaktivismus akzeptiert natürlich, dass die Subjektivität eines Bakteriums oder die kognitiven Leistungen einer Amöbe sich qualitativ von denen des Menschen unterscheiden.

Problematisch ist allerdings, dass der Enaktivismus mit seinem Verständnis von Kognition als biologischem Phänomen zwar einen umfassenden und allgemeinen begrifflichen Rahmen für die Erforschung von Kognition vorgibt, gerade aufgrund dieser Ganzheitlichkeit explanatorisch aber augenscheinlich enttäuscht. Eine Position, die ein neues Paradigma der Kognitionswissenschaft zu begründen beansprucht, muss nicht nur einen allgemeinen theoretischen Rahmen formulieren, sie muss vor allem auch unser Verständnis konkreter kognitiver Leistungen vorantreiben: Wie zum Beispiel funktionieren sensorisches, Kurzzeit- und Arbeitsgedächtnis, wie die Verstetigung von Gedächtnisinhalten im Langzeitgedächtnis, wie Handlungskoordination, wie können wir auf Grundlage eines endlichen Vokabulars unendlich viele sinnvolle Sätze generieren und verstehen, warum begehen Säuglinge den A-nicht-B-Suchfehler, warum unterliegen wir bestimmten visuellen Illusionen? Die vom Enaktivismus kritisierten computational-repräsentationalen Ansätze haben, auch wenn sie im Detail sicherlich zu kritisieren sind, in dieser Hinsicht große Erfolge verzeichnet, und auch die Neurophänomenologie und die sensomotorische Wahrnehmungstheorie haben sich empirisch als äußerst fruchtbar erwiesen. Der Enaktivismus im engen Sinne hingegen, das heißt die Kontinuitätsthese von Leben und Geist und die Vorstellung, Kognition sei ein Prozess des *sense making* autonomer adaptiver Systeme, hat außer einem grundsätzlichen Verweis auf das explanatorische Potenzial dynamizistischer Ansätze (deren universeller Gültigkeitsanspruch vor allem im Hinblick auf höherstufige kognitive Leistungen wie gesehen ebenfalls umstritten ist; s. Kap. 4) auf dieser konkreten Ebene bislang wenig Erkennbares geleistet. Solange der Enaktivismus diese Bringschuld nicht einlöst, wird ihm der Sprung von der Exotentheorie zum neuen Paradigma schwerlich gelingen.

11. Kognition, Emotion, Motivation

Am Anfang dieses Buches standen die Frage, was Kognition ist, und eine intuitive Abgrenzung gegenüber Emotion und Motivation. In der Folge wurde nachgezeichnet, wie und warum sich unsere Auffassung von Kognition in den vergangenen Jahrzehnten insbesondere mit Blick auf die Rolle des Körpers, der Umwelt sowie unserer Interaktion mit ihr gewandelt hat. Von allen betrachteten Ansätzen hat dabei nur der Enaktivismus der Tatsache Beachtung geschenkt, dass sich Kognition nicht losgelöst von Emotion und Motivation verstehen lässt, weil wir uns als nicht nur denkende, sondern immer auch empfindende, wertende und strebende Akteure niemals in einem emotions- und motivationsfreien Raum bewegen. Der Unterschied zwischen *Deep Blue* und Garri Kasparow liegt nicht nur darin, wie sie eigene Züge planen, gegnerische antizipieren oder auf unvorhergesehene Probleme reagieren, sondern vor allem auch darin, dass Kasparow entnervt oder schadenfroh sein kann, im Sieg einen Wert erkennt und daher auf eine Art und Weise gewinnen möchte, wie *Deep Blue* es nicht vermag. Der modernen Kognitionswissenschaft geht es daher völlig zu Recht nicht mehr nur um Kognition, sondern auch und gerade um ein interdisziplinäres Verständnis des Verhältnisses von Kognition zu Emotion und Motivation sowie zu Phänomenen wie Bewusstsein, Intentionalität oder (Inter-)Subjektivität.

Angesichts der in den vergangenen Kapiteln skizzierten Überlegungen muss man fragen, ob im Hinblick auf affektive und motivationale Prozesse ein ähnlicher Trend weg von gehirnzentrierten Ansätzen und hin zu einer Einbeziehung von Körper, Umwelt und Interaktion ansteht, wie er in der Philosophie der Kognition zu beobachten ist. Bevor abschließend zehn zusammenfassende Hauptthesen präsentiert werden,

schließt der Hauptteil dieses Bandes mit einem kurzen Überblick über neuere Entwicklungen hinsichtlich dieser Frage.
In der Philosophie der Emotionen konnte man nur vorübergehend, während der kurzen Blüte eines radikalen Kognitivismus, vergessen, dass Emotionen spätestens seit Aristoteles mit wenigen Ausnahmen immer schon auch als körperlich und situativ eingebettet verstanden wurden. Der Versuch, sie ausschließlich auf kognitive Zustände zurückzuführen – zum Beispiel die Furcht vor einer Spinne auf die Überzeugung, sie sei gefährlich, und den Wunsch, sie möge verschwinden –, die sie begleitenden Gefühle aber zur bloßen Begleiterscheinung herabzustufen, war einzig einem kognitivistischen Paradigma geschuldet, das inzwischen selbst im Hinblick auf genuin kognitive Prozesse seine Dominanz eingebüßt hat. Gegenwärtig ist die Bedeutung des Körpers für affektive Prozesse jedenfalls (wieder) kaum umstritten und wird in den unterschiedlichsten Zusammenhängen erforscht.[177]
Die empirische Emotionsforschung zum Beispiel hat gezeigt, dass bei Versuchspersonen, die Begriffe wie *Geschenk*, *Erbrechen* oder *Tisch* emotionalen Kategorien wie *Freude*, *Ekel* oder *neutral/keine* zuordnen sollten, jeweils auch die mit der entsprechenden Emotion korrelierten Muskelpartien aktiv waren. Eine Unterdrückung der spontanen Aktivierung der Gesichtsmuskulatur hingegen führte bei der Klassifizierung von Begriffen als emotionsverwandt bzw. -unabhängig oder bei einer affektiv geladenen Auswahl-Reaktionszeit-Aufgabe zu einem schlechteren Abschneiden.[178] Studien dieser Art unterstreichen nicht nur die enge Verbindung zwischen Kognition und Emotion, sie illustrieren zugleich, dass affektiv geladene kognitive Prozesse stark von körperlichen Prozessen abhängen und zumindest in diesem Sinne auch verkörperlicht sind.
In der psychologischen Emotionsforschung ist die Idee verkörperlichter Emotionen unter anderem im Zusammenhang mit Klaus Scherers Prozessmodell von Emotionen relevant. Laut Scherer umfassen affektive Prozesse nicht nur eine ko-

gnitive Bewertungsfunktion, sondern neben dem subjektiven Empfinden und Handlungstendenzen auch den körperlichen Ausdruck der Emotion sowie die körperliche Reaktion des Individuums.[179] In klassischen Appraisaltheorien ging die Bewertung (*appraisal*) diesen körperlichen Prozessen stets voraus und konnte so weder kausal noch konstitutiv von diesen abhängen.[180] Da Scherer affektive Prozesse jedoch als fortlaufende Adaptionen an (sich verändernde) Situationen versteht, spricht bei ihm nichts dagegen, dass die Bewertung zumindest in dem Sinne verkörperlicht ist, dass sie in wiederkehrenden kausalen Zyklen mit den körperlichen Subsystemen interagiert. Der Philosoph Jesse Prinz geht noch einen Schritt weiter: Für ihn ist die Bewertung kein völlig fleischloses Urteil, das nur durch die Interaktion mit körperlichen Prozessen verkörperlicht wird, sondern eine sich in der Wahrnehmung einer körperlichen Veränderung manifestierende Repräsentation eines aus Sicht des Subjekts bedeutsamen Ausschnitts der Umwelt und damit selbst eine körperliche Bewertung (*embodied appraisal*).[181]

Paul Griffiths und Andrea Scarantino zeigen darüber hinaus, inwiefern die Umwelt anders als im Kognitivismus oder bei Scherer und Prinz nicht nur Inputgeber und Outputempfänger ist, sondern im Sinne von Kapitel 7 ein wichtiges *scaffold* affektiver Prozesse sein kann, indem zum Beispiel die diversen Elemente von Hochzeitszeremonien und -feiern es Brautpaar und Gästen erleichtern, die »passenden« Emotionen zu empfinden. Griffiths und Scarantino betonen darüber hinaus auch die partielle Verzichtbarkeit expliziter interner Repräsentationen und verstehen viele affektive Phänomene stattdessen als wesentlich handlungsbezogen (s. Kap. 7) und daher nicht begrifflich. Selbst höhere Emotionen wie Schuld oder Eifersucht lassen sich in ihren Augen als Strategien in sozialen Interaktionen verstehen – zum Beispiel zeigen wir uns schuldbewusst, um eine persönliche Beziehung zu »kitten«, indem wir zu erkennen geben, dass wir zukünftige Pflichtverletzungen zu vermeiden versuchen werden.[182]

Manchmal mögen wir zwar tatsächlich erst unsere Umwelt wahrnehmen, dann eine Bewertung vornehmen und anschließend eine entsprechende Handlung einleiten – der Anblick einer Schlange zum Beispiel mag dazu führen, dass wir zu der Überzeugung gelangen, in Gefahr zu sein, und daher die Flucht ergreifen. Oftmals jedoch ist unser affektives Leben viel inniger mit unserer sozialen Umwelt verflochten und entzieht sich so einer Analyse mittels klassisch kognitivistischer Wahrnehmen-Bewerten-Handeln-Zyklen: Wir mögen auf eine Bemerkung unseres Partners, die uns missfällt, zunächst undifferenziert irritiert reagieren, damit aber nicht einem schon abgeschlossenen Bewertungsprozess Ausdruck verleihen, sondern (eventuell unbewusst) eine Reaktion provozieren wollen, damit sich unsere Irritiertheit im Verlauf der anschließenden Interaktion zu Ärger, Schuld, Verletztheit usw. ausdifferenzieren kann. Affektive Prozesse sind also nicht immer der passive Ausdruck einer abgeschlossenen Bewertung, und auch weder rein kognitiv noch nur verkörperlicht, sondern manifestieren sich erst in von ihnen selbst angestoßenen Interaktionen mit der Umwelt als Phänomene eines bestimmten Typs. Griffiths' und Scarantinos Ansatz, der ursprünglich die Idee der situierten Einbettung von Emotionen verdeutlichen sollte, kommt daher in einigen Aspekten einem Enaktivismus sehr nahe.[183]

Wie in der Philosophie der Kognition sollte man solche Überlegungen weniger als radikalen Bruch mit traditionellen Ansätzen denn als Anreiz zu einer Neuorientierung verstehen: Ebenso wie die Navigation in belebten Umgebungen das Schachspiel als Paradebeispiel einer kognitiven Leistung abgelöst hat, sollte die Emotionsforschung nicht länger nur den einsamen Savannenläufer im Blick haben, der abseits jedweden sozialen Kontexts auf eine Schlange trifft, sondern auch Sänger vor ihrem Publikum, Pubertierende im Konflikt mit ihren Eltern oder Neugeborene in Interaktion mit ihren Bezugspersonen.[184]

Im Hinblick auf einen bestimmten Aspekt der motivationalen

Strukturen des Menschen beginnt sich gegenwärtig eine ganz ähnliche Entwicklung abzuzeichnen. In der Philosophie des Geistes wird im Kontext des traditionellen Problems der Willensfreiheit seit Langem erörtert, ob und unter welchen Bedingungen wir als aus der rationalen Abwägung von Gründen heraus agierende Autoren unseres eigenen Entscheidens und Handelns zumindest manchmal unser Wollen (im Lichte innerer und äußerer Bedingtheiten) in die Tat umsetzen können. Libertarier wie Kompatibilisten plädieren dabei vermehrt für sogenannte fähigkeitsbasierte Theorien, die Freiheit an die Fähigkeit zur angemessenen Kontrolle unserer Entscheidungen und Handlungen knüpfen.[185] Die erforderliche Art von Kontrolle setzt dabei anscheinend eine Reihe grundlegender kognitiver und affektiver Fähigkeiten voraus: Wer sein Entscheiden und Handeln angemessen kontrollieren können soll, der muss unter anderem in der Lage sein, Ziele zu formulieren, sich an sie zu erinnern und sie situationsabhängig wieder in den Fokus der Aufmerksamkeit zu rücken, seine Absichten, Motive, Präferenzen usw. zu prüfen und sie gegebenenfalls zu modifizieren oder ganz zu suspendieren, Pläne zur Erreichung gesetzter Ziele auszuarbeiten, sich zum Entscheiden und Handeln zu motivieren und dabei unangebrachte Handlungsimpulse zu unterdrücken, interne Hinderungsfaktoren zu überwinden, kurzfristigen Versuchungen zugunsten langfristiger Ziele zu widerstehen, seine Motive und Handlungen identifizierend als die seinen anzuerkennen usw.

Wenn Freiheit jedoch in dieser Weise an Kontrolle und damit an komplexe kognitive und affektive Fähigkeiten geknüpft wird, dann stellt sich vor dem Hintergrund der Überlegungen in der Philosophie der Kognition unweigerlich die Frage, ob, und wenn ja inwiefern, das, was traditionell als »Willensfreiheit« bezeichnet wird, ebenfalls an unsere körperliche Verfasstheit und unsere Einbettung in und unsere Interaktion mit unserer Umwelt gebunden ist.[186] Wer zum Beispiel sein Entscheiden und Handeln angemessen kontrollieren kann, dem wird traditionell eine starke Willenskraft attestiert, obwohl Kontrolle vielfach gerade nicht an einer internen Willenskraft hängt, sondern aus einer entsprechend strukturierten Interaktion mit der Umwelt resultiert. Wie Odysseus, der sich an den Mast seines Schiffes binden ließ, um dem Gesang der Sirenen widerstehen zu können, organisieren auch wir uns so, dass Situationen, in denen wir ausschließlich auf unsere Willenskraft angewiesen sind, um tatsächlich das zu tun, was wir unter Abwägung aller Gründe für richtig halten, nach Möglichkeit vermieden werden. Wir betreiben damit *scaffolding* im klassischen Sinne: Viele zahlen zum Beispiel horrende Monatsbeiträge im Fitnessstudio, um dadurch einer möglichen Willensschwäche von vornherein gezielt entgegenzuwirken – wenn wir schon so viel gezahlt haben, dann gehen wir auch hin. Unsere Fähigkeit zur Selbstregulation ist jedoch nicht nur von unserer Umwelt abhängig, sondern auch vom Zustand unseres Körpers und als körperliche Ressource nachweislich begrenzt. Auch ob wir uns mit unseren Motiven identifizieren, das heißt reflektierend anerkennen, dass sie vor dem Hintergrund unseres Präferenz- und Werteprofils betrachtet die richtigen sind, ist keine rein interne Angelegenheit, sondern ergibt sich, ähnlich wie es der Enaktivismus in anderen Zusammenhängen immer wieder betont hat, erst im Rahmen unserer Interaktionen mit anderen und somit durch unsere Einbettung in komplexe soziale Strukturen.[187]

Diese knappen Bemerkungen deuten zumindest an, in welche Richtung die philosophische und kognitionswissenschaftliche Forschung aufbauend auf den in diesem Buch skizzierten Überlegungen aus der Philosophie der Kognition in den kommenden Jahren gehen könnte. Sie zeigen zugleich auch, wie wichtig die damit einhergehende Synthese für beide Seiten ist. Einerseits wird die Philosophie Emotionen oder die für Freiheit erforderliche Art von Kontrolle nicht vollständig verstehen können, wenn sie nicht berücksichtigt, inwiefern diese von unserem Körper, unserer natürlichen, technischen und sozialen Umwelt sowie unserer Interaktion mit ihr abhängen. Andererseits wird die Kognitionswissenschaft umgekehrt ihr Ziel einer ganzheitlichen Theorie intelligenter Systeme bzw. Akteure nicht erreichen können, wenn sie so zentrale Phänomene wie Emotionen oder unsere Fähigkeit zum kontrollierten Entscheiden und Handeln aus ihren Überlegungen zur Situiertheit ausklammert.

12. Zehn Thesen

Ziel dieser Einführung war ein für Studierende und interessierte Laien zugänglicher, umfassender und objektiver, zugleich aber knapper Überblick über die wichtigsten Positionen, Thesen und Argumente der Philosophie der Kognition. Die wichtigsten persönlichen Einschätzungen sind hier abschließend in Form von zehn Thesen noch einmal zusammengefasst.

1. *Bei der Kontroverse zwischen der Kognitionswissenschaft erster und zweiter Generation geht es nicht primär darum, ob unser Verständnis von Kognition revisionsbedürftig ist.* Die entscheidende Frage ist, ob intelligentes Verhalten nur durch Berechnungsprozesse über interne Repräsentationen oder doch zumindest teilweise auch durch physiologische, morphologische, strukturelle oder relationale Faktoren zu erklären ist. Wir sollten bewährte Aspekte der traditionellen Auffassung nicht leichtfertig aufgeben, indem wir zum Beispiel Einzeller, passiv-dynamische Laufmaschinen oder einfache reaktive Agenten vorbehaltlos als kognitive Systeme betrachten. Wenn intelligentes Verhalten nicht auf kognitive Prozesse im traditionellen Sinne angewiesen ist, sondern auch aus computational, repräsentational und energetisch schlankeren Prozessen entstehen kann, dann ist die Frage, ob Letztere im strengen Sinne kognitiv sind, ein müßiger Streit um Worte.

2. *Die Kontroverse zwischen der ersten und zweiten Generation rankt sich um zwei verschiedene und grundsätzlich unabhängige Fragen, die allzu oft nicht klar unterschieden werden.* Die erste betrifft das Was kognitiver Prozesse: Sind kognitive Prozesse wesentlich computational und repräsentational,

was auch viele Verfechter der zweiten Generation akzeptieren, oder sind die Begriffe der Computation und Repräsentation nachrangig oder gar völlig verzichtbar, wie zum Beispiel der Dynamizismus, sensomotorische Wahrnehmungstheorien oder der Enaktivismus behaupten? Die zweite Frage betrifft das Wo kognitiver Prozesse: Ist Kognition im Sinne der ersten Generation ausschließlich eine Sache neuronaler Prozesse oder können sich kognitive Prozesse im Sinne der zweiten Generation auch in den Körper und die Umwelt des jeweiligen Systems hinein erstrecken bzw. als wesentlich relationales Phänomen aus der wechselseitigen Interaktion eines Systems mit seiner Umwelt hervorgehen?

3. *Im Hinblick auf die Frage des Was liegt die Bringschuld bei anticomputationalistischen und antirepräsentationalistischen Ansätzen.* Die reaktiven Agenten der verhaltensbasierten Robotik zum Beispiel, welche die potenzielle Schlichtheit der Grundlagen intelligenten Verhaltens demonstrieren sollen, sind zwar computational und repräsentational extrem sparsam, kommen jedoch nicht völlig ohne klassische Elemente aus. Der Nachweis, dass intelligentes Verhalten ohne jede Art von Computation und Repräsentation zuwege gebracht werden kann, steht trotz erheblicher und zweifellos eindrucksvoller Fortschritte nach wie vor aus, insbesondere im Kontext höherstufiger kognitiver Leistungen, die sich nicht in einfachen Reiz-Reaktions-Schemata im Rahmen der dynamischen Echtzeitinteraktion eines Systems mit seiner Umwelt erschöpfen.

4. *Der berechtigte Vorwurf, der klassische Kognitivismus habe einem von den peripheren sensomotorischen Systemen isolierten zentralen kognitiven System, das ausschließlich auf modalitätsunspezifischen Repräsentationen beruht, zu viel Gewicht beigemessen, sollte nicht zu einer generellen Repräsentationsskepsis führen.* Die Ansicht, dass kognitive Prozesse von wesentlich handlungsbezogenen Repräsentationen

Gebrauch machen, verspricht vieles von dem, worauf in der Kognitionswissenschaft zweiter Generation zu Recht hingewiesen wurde, einzufangen, ohne dabei den begrifflichen und methodologischen Rahmen der ersten Generation vollständig über Bord zu werfen. Zu klären ist in diesem Zusammenhang unter anderem, wie ein entsprechender handlungsbezogener Repräsentationsbegriff im Detail auszusehen hat und inwiefern sich die lohnenden Einsichten vermeintlich antirepräsentationalistischer Positionen auch mit einem solchen schwächeren Repräsentationsbegriff umsetzen lassen.

5. *Der Kognitivismus wird unterschätzt.* Den symbolischen Computationalismus mit dem Akronym GOFAI als »altbacken« zu bezeichnen, ist irreführend. Unzeitgemäß wäre allenfalls eine Beschränkung auf mathematisch-logische Aufgaben, Denkspiele und die Kommunikation mittels natürlicher Sprache, wie sie die KI in ihren Anfangsjahren geprägt hat. Die Vorstellung jedoch, dass intelligentes Verhalten maßgeblich durch neuronal realisierte Berechnungsprozesse über interne Repräsentationen erklärt werden kann, gehört auch nach der Erweiterung des Forschungsfeldes zu den erfolgreichsten Modellierungsansätzen der Kognitionswissenschaft überhaupt.

6. *Einige der diskutierten Ansätze ergänzen sich gegenseitig.* Computationalistische und dynamizistische Ansätze sind miteinander unverträglich, ebenso der Enaktivismus mit den anderen situierten Ansätzen. Abgesehen davon jedoch bestehen keine substanziellen Rivalitäten. Viele Arbeiten auf dem Gebiet der situierten Kognition zum Beispiel verstehen sich ausdrücklich nicht als Surrogat, sondern als Ergänzung etablierter Positionen, und in der KI erfreuen sich sogenannte hybride Architekturen großer Beliebtheit, welche die Vorteile des Kognitivismus und des Konnektionismus zu vereinigen versuchen, indem sie symbolische und subsymbolische Elemente in einem modularisierten Ansatz kombinieren oder in

einem integrativen neurosymbolischen Ansatz mit einem übergreifenden Formalismus vereinen.

7. *Die Anhänger der Kognitionswissenschaft zweiter Generation müssen deutlich machen, was ihren Ansatz zu einer einheitlichen Disziplin macht.* Die erste Generation war geprägt durch eine klare und einheitliche Vorstellung der typischen Untersuchungsgegenstände (Gedächtnis, Aufmerksamkeit, Planen usw.), fundamentalen Begriffe (Repräsentation, Berechnung, Syntax und Semantik, Algorithmus usw.) und Vorzüge ihres Ansatzes (im Vergleich etwa zum Behaviorismus), was maßgeblich dazu beitrug, die Kognitionswissenschaft als eigenständige Disziplin zu etablieren. Die Antworten der zweiten Generation fallen im Vergleich dazu sehr viel heterogener aus: Die Palette vermeintlich paradigmatischer Untersuchungsgegenstände reicht vom auditiven System von Insekten über rhythmisches Fingerwackeln und das Laufverhalten von Kindern bis hin zu Getränkedosen einsammelnden Robotern und Tetris spielenden Erwachsenen, und der dabei bemühte Begriffsapparat (handlungsspezifische Repräsentationen, sensomotorische Abhängigkeiten, Affordanzen, Attraktoren in Zustandsräumen, neuronale Simulationen usw.) ist ebenso divers wie die Meinungen darüber, worin genau die Vorzüge der jeweiligen Position gegenüber anderen Ansätzen bestehen. Ein erkennbares Wesensmerkmal der Kognitionswissenschaft zweiter Generation lässt sich daraus bislang nicht ableiten.

8. *Situierte Ansätze müssen deutlich machen, was mit ihnen philosophisch, methodologisch oder empirisch zu gewinnen ist.* Dabei bestehen vor allem zwei Abgrenzungsprobleme. Wer behauptet, dass kognitive Prozesse auf spezifische Weise von Prozessen im Körper bzw. in der Umwelt abhängen, der muss zeigen, dass die fragliche Art von Abhängigkeit von traditionellen Ansätzen nicht erfasst werden kann. Wer zwischen kognitiven Prozessen und extrakraniellen Faktoren im

Körper oder in der Umwelt hingegen eine Konstitutionsbeziehung postuliert, der hat dieses Problem nicht, da traditionelle Ansätze Kognition klarerweise im Gehirn verortet haben. Dafür muss dann geklärt werden, wie und unter welchen Bedingungen der Übergang von einer Abhängigkeits- zu einer Konstitutionsbehauptung zu rechtfertigen ist bzw. ob eine Entscheidung zwischen beiden in der Praxis überhaupt je wohl begründet getroffen werden kann.

9. *Es ist nicht zielführend, über das Wo kognitiver Prozesse zu streiten, solange ihr Was nicht geklärt ist.* Es ist verwunderlich, dass die Debatte um das Wo kognitiver Prozesse mit aller Vehemenz weitergeführt wird, obwohl es im Hinblick auf die notwendigen und zusammen hinreichenden Bedingungen dafür, dass ein Prozess oder System als kognitiv gilt, auch nicht annähernd einen Konsens gibt. Ohne einen entsprechenden Kognitionsbegriff macht es jedoch keinen Sinn, darüber zu streiten, ob Kognition im Gehirn, in Gehirn und Körper, in Gehirn, Körper und Umwelt, in ihrer Interaktion oder nirgendwo zu verorten ist. Ein kognitiver Agnostizismus – die Auffassung, dass um das Für und Wider der traditionellen Ansätze und ihrer situierten Alternativen auch dann sinnvoll gestritten werden kann, wenn es entweder faktisch keinen allgemein akzeptierten Kognitionsbegriff gibt oder es prinzipiell gar keinen geben kann – ist verfehlt.

10. *Ebenso wie ein umfassendes Bild des menschlichen Geistes ohne die Einbeziehung affektiver und motivationaler Prozesse unmöglich ist, bleibt deren Erforschung ihrerseits unzulänglich, wenn sie nicht um Erkenntnisse aus der Debatte um situierte Kognition bereichert wird.* Zum einen kann eine ausschließliche Beschäftigung mit kognitiven Prozessen niemals ein vollständiges und angemessenes Bild unserer *conditio humana* zeichnen, weil wir uns als nicht nur denkende, sondern immer auch empfindende, wollende und wertende Akteure niemals in einem emotions- und motivationsfreien

Raum reinen Denkens bewegen. Zum anderen gilt die Einsicht, dass wir keine isolierten »Denker« sind, deren intelligentes Verhalten ausschließlich auf der wiederholten Abarbeitung von starren Wahrnehmen-Denken-Handeln-Zyklen beruht, *mutatis mutandis* auch im Bereich von Emotion und Motivation: Wir sind auch keine isolierten »Bewerter« oder »Motivatoren«, deren affektive und motivationale Strukturen vollkommen fleischlos zwischen ihrer Wahrnehmung der Welt und ihrem Handeln in ihr eingebettet sind.

Anmerkungen

Im Folgenden sind nur jene Quellen vollständig angegeben, die nicht in der kommentierten Bibliografie verzeichnet sind.

1 I. Kant, *Kritik der Urteilskraft*, Berlin 1790/1793, XXII.
2 Vgl. zum Beispiel Strube 1996, 303.
3 Hurley 1998, Kap. 10. Vgl. J. Fodor, *The Modularity of Mind*, Cambridge (Mass.) 1983, als *locus classicus* des Sandwichmodells.
4 N. Chomsky, Verbal Behavior, by B.F. Skinner, *Language 35* (1959), 26–58. Vgl. auch H. Gardner, *The Mind's New Science*, New York 1985.
5 Marr 1982, insb. 24–27.
6 T. Hobbes, *Leviathan*, London 1651, Kap. 5. G.W. Leibniz, *Scientia Generalis – Characteristica* [1677–1690], Berlin 1999, VI.4, 450, VI.6, 1030.
7 A. Turing, On Computable Numbers, *Proceedings of the London Mathematical Society 42* (1936), 230–265. Vgl. auch J. Kim, *Philosophy of Mind*, Boulder 1996, 80–85.
8 Turing 1936, 241–242 (s. Anm. 7).
9 C. Shannon, A Mathematical Theory of Communication, *Bell Systems Technical Journal 27* (1948), 379–423, 623–656.
10 A. Newell / H. Simon, *The Logic Theory Machine*, Santa Monica 1956; A. Newell / J. Shaw / H. Simon, Report on a General Problem-Solving Program, *Proceedings of the International Conference on Information Processing*, Paris 1959, 256–264; A. Newell / H. Simon, GPS, A Program that Simulates Human Thought, in: E. Feigenbaum / J. Feldman (Hg.), *Computers and Thought*, New York 1963, 279–296.
11 A. Turing, Computing Machinery and Intelligence, *Mind 59* (1950), 433–460.
12 J. Weizenbaum, ELIZA – A Computer Program for the Study of Natural Language Communication between Man and Machine, *Communications of the ACM 9* (1966), 36–45. T. Winograd, *Understanding Natural Language*, New York 1972.
13 M. Minsky, A Framework for Representing Knowledge, in: P. Win-

ston (Hg.), *The Psychology of Computer Vision*, New York 1975, 211-277; R. Schank / R. Abelson, *Scripts, Plans, Goals and Understanding*, Hillsdale 1977.

14 D. Lenat / R. Guha, *Building Large Knowledge-Based Systems*, London 1990.

15 »If you take care of the syntax, the semantics will take care of itself.« (J. Haugeland, *Artificial Intelligence*, Cambridge (Mass.) 1985, 106).

16 Newell/Simon 1976, 116.

17 N. Block, The Computer Model of the Mind, in: D. Osherson / E. Smith (Hg.), *Thinking: An Invitation to Cognitive Science*, Bd. 3, Cambridge (Mass.) 1990, 247-289, insb. 252.

18 E. Tolman, Cognitive Maps in Rats and Men, *Psychological Review 55* (1948), 189-208.

19 W. McCulloch / W. Pitts, A Logical Calculus of Ideas Immanent in Nervous Activity, *Bulletin of Mathematical Biophysics 5* (1943), 115-133.

20 Vgl. zum Beispiel U. Neisser, *Cognitive Psychology*, Englewood Cliffs 1967. Vgl. auch G. Miller / E. Galanter / K. Pibram, *Plans and the Structure of Behavior*, New York 1960.

21 Marr 1982. Vgl. auch Pylyshyn 1986.

22 Haugeland 1985, 112 (s. Anm. 15).

23 J. Fodor, *The Language of Thought*, Cambridge (Mass.) 1975.

24 Ebd., 27. Vgl. auch Newell/Simon 1976, 120.

25 M. Shanahan, *Solving the Frame Problem*, Cambridge (Mass.) 1997. Für die ursprüngliche Formulierung des Rahmenproblems vgl. J. McCarthy / P. Hayes, Some Philosophical Problems from the Standpoint of Artificial Intelligence, *Machine Intelligence 4* (1969), 463-502.

26 Zum Beispiel D. Dennett, Cognitive Wheels, in: C. Hookway (Hg.), *Minds, Machines, and Evolution*, Cambridge (Mass.) 1984, 129-151.

27 Zum Beispiel H. Dreyfus, Why Heideggerian AI Failed and How Fixing It Would Require Making It More Heideggerian, in: P. Husbands / O. Holland / M. Wheeler (Hg.), *The Mechanical Mind in History*, Cambridge (Mass.) 2008, 331-371.

28 H. Dreyfus, *What Computers Can't Do*, Cambridge (Mass.) 1972. Vgl. auch Dreyfus 1992.

29 Searle 1980 ist der *locus classicus*. Für einen Überblick über die

sich anschließende Debatte vgl. J. Preston / M. Bishop (Hg.), *Views into the Chinese Room*, Oxford 2002.

30 Zum Beispiel J. Searle, *The Rediscovery of the Mind*, Cambridge (Mass.) 1992, Kap. 3.

31 S. Harnad, The Symbol Grounding Problem, *Physica D 42* (1990), 335–346.

32 Zum Beispiel J. Fodor, *RePresentations*, Cambridge (Mass.) 1981.

33 Vgl. zum Beispiel Rumelhart et al. 1986.

34 Vgl. G. Cottrell, Extracting Features from Faces Using Compression Networks, in: D. Touretzky / J. Elman / T. Sejnowski / G. Hinton (Hg.), *Connectionist Models*, San Mateo 1991, 328–337; D. Rumelhart / J. McClelland, On Learning the Past Tenses of English Verbs, in: Rumelhart et al. 1986, Bd. 2, 216–271; J. Elman, Representation and Structure in Connectionist Models, in: G. Altman (Hg.), *Cognitive Models of Speech Processing*, Cambridge (Mass.) 1991, 345–383.

35 McCulloch/Pitts 1943, insb. 129 (s. Anm. 19).

36 F. Rosenblatt, The Perceptron, *Psychological Review 65* (1958), 386–408.

37 D. Hebb, *The Organization of Behavior*, New York 1949. Vgl. auch A. Bain, *Mind and Body*, New York 1873; W. James, *The Principles of Psychology*, New York 1890, insb. Kap. 14.

38 M. Minsky / S. Papert, *Perceptrons*, Cambridge (Mass.) 1969.

39 Vgl. Bechtel/Abrahamsen 2002, Kap. 2.2; P. Churchland, *The Engine of Reason*, Cambridge (Mass.) 1995, Kap. 4–5.

40 D. Rumelhart / G. Hinton / R. Williams, Learning Internal Representations by Error Propagation, in: Rumelhart et al. 1986, Bd. 2, 318–362.

41 Churchland 1995, 87 (s. Anm. 39); Sejnowski/Rosenberg 1987, insb. 156–158. Für ein Tonbeispiel vgl. http://www.cnl.salk.edu/Media/nettalk.mp3.

42 J. Elman, Finding Structure in Time, *Cognitive Science 14* (1990), 179–211.

43 Vgl. G. Hinton / J. McClelland / D. Rumelhart, Distributed Representations, in: Rumelhart et al. 1986, Bd. 1, 77–109; P. Smolensky, On the Proper Treatment of Connectionism, *Behavioral and Brain Sciences 11* (1988), 1–23.

44 Elman 1991 (s. Anm. 34). Vgl. auch A. Clark, *Mindware*, Oxford 2001, 72.

45 J. Feldman / D. Ballard, Connectionist Models and their Properties, *Cognitive Science 6* (1982), 205-254. Vgl. auch D. Rumelhart / J. McClelland, PDP Models and General Issues in Cognitive Science, in: Rumelhart et al., Bd. 1, 110-146, insb. 130-135.

46 J. McClelland / D. Rumelhart / G. Hinton, The Appeal of Parallel Distributed Processing, in: Rumelhart et al. 1986, Bd. 2, 3-44, insb. 29-31.

47 J. Searle, Is the Brain's Mind a Computer Program?, *Scientific American 262* (1990), 26-31.

48 Zum Beispiel W. Ramsey / S. Stich / J. Garon, Connectionism, Eliminativism, and the Future of Folk Psychology, in: W. Ramsey / S. Stich / D. Rumelhart (Hg.), *Philosophy and Connectionist Theory*, Hillsdale 1991, 199-228.

49 Zum Beispiel P. Churchland, Eliminative Materialism and the Propositional Attitudes, *Journal of Philosophy 78* (1981), 67-90.

50 Zum Beispiel A. Clark, Connectionist Minds, *Proceedings of the Aristotelian Society 90* (1990), 83-102.

51 Fodor/Pylyshyn 1988, 51-54.

52 Vgl. auch J. Fodor / B. McLaughlin, Connectionism and the Problem of Systematicity, *Cognition 35* (1990), 183-204.

53 Vgl. K. Aizawa, Explaining Systematicity, *Mind and Language 12* (1997), 115-136; P. Smolensky, Connectionism, Constituency and the Language of Thought, in: B. Loewer / G. Rey (Hg.), *Meaning in Mind*, Oxford 1991, 201-208.

54 Zum Beispiel R. Sun, The Motivational and Metacognitive Control in CLARION, in: W. Gray (Hg.), *Modeling Integrated Cognitive Systems*, Oxford 2007, 63-75.

55 Zur Synergetik vgl. H. Haken, *Synergetik*, Berlin 1977.

56 Vgl. van Gelder 1998, insb. Abs. 4.

57 Van Gelder 1995, insb. 351-354.

58 Ebd., 354-355. Vgl. auch T. van Gelder / R. Port, It's About Time, in: Port / van Gelder 1995, 1-43.

59 Van Gelder 1995, 381.

60 Zum Beispiel Port / van Gelder 1995, ix.

61 Zum Beispiel R. Beer, The Dynamics of Active Categorical Perception in an Evolved Model Agent, *Adaptive Behavior 11* (2003), 209-243, insb. 212.

62 Zum Beispiel S. Kelso, *Dynamic Patterns*, Cambridge (Mass.) 1995.

63 Thelen/Smith 1994.
64 J. Piaget, *Das Weltbild des Kindes* [1926], München 1988. Vgl. auch L. Smith / E. Thelen, Development as a Dynamic System, *Trends in Cognitive Sciences 7* (2003), 343–348; E. Thelen / G. Schöner / C. Scheier / L. Smith, The Dynamics of Embodiment, *Behavioral and Brain Sciences 24* (2001), 1–86.
65 Thelen/Smith 1994, 338.
66 H. Haken / S. Kelso / H. Bunz, A Theoretical Model of Phase Transitions in Human Hand Movements, *Biological Cybernetics 51* (1985), 347–356. Für einen Überblick vgl. Chemero 2009, Kap. 5.
67 S. Kelso, Phase Transitions and Critical Behavior in Human Bimanual Coordination, *American Journal of Physiology 15* (1984), R1000–R1004. Vgl. Kelso 1995, Kap. 2 (s. Anm. 62).
68 W. Bechtel, Representations and Cognitive Explanations, *Cognitive Science 22* (1998), 295–318, insb. 303; van Gelder 1995, 352–353.
69 Zum Beispiel A. Markman / E. Dietrich, In Defense of Representation, *Cognitive Psychology 40* (2000), 138–171.
70 Chemero 2009, 72–73.
71 Rodney Brooks spricht von »the bulkiest parts of intelligent systems« (Intelligence Without Representation, *Artificial Intelligence 47* (1991), 139–159, 140).
72 Zum Beispiel S. Edelman, But Will It Scale up?, *Adaptive Behavior 11* (2003), 273–275.
73 Chemero 2009, Kap. 4.4, spricht von einem »guide to discovery«-Problem.
74 G. Lakoff / M. Johnson, *Philosophy in the Flesh*, Chicago 1999, 78.
75 Wie Wheeler es treffend formuliert: »[C]ognitive science needs to put cognition back in the brain, the brain back in the body, and the body back in the world« (Wheeler 2005, 11). Vgl. auch Clark 2001; Robbins/Aydede 2009; Rowlands 2010; Shapiro 2011.
76 Zum Beispiel Brooks 1991; R. Gibbs, *Embodiment and Cognitive Science*, Cambridge 2005; V. Gallese, Embodied Simulation, *Phenomenology and the Cognitive Sciences 4* (2005), 23–48; Lakoff/Johnson 1999; Gallagher 2005; Shapiro 2011.
77 Vgl. L. Vygotskij, *Mind in Society* [1934], Cambridge (Mass.) 1978; A. Luria, *The Working Brain*, New York 1973.

78 M. Heidegger, *Sein und Zeit* [1927], Tübingen 1953, 69.
79 M. Merleau-Ponty, *Phänomenologie der Wahrnehmung* [1945], Berlin 1965, 274-275.
80 R. Held / A. Hein, Movement Produced Stimulation in the Development of Visually Guided Behavior, *Journal of Comparative and Physiological Psychology 56* (1963), 872-876.
81 Zum Beispiel Shapiro 2011; M. Wilson, Six Views on Embodied Cognition, *Psychonomic Bulletin and Review 9* (2002), 625-636.
82 Lakoff/Johnson 1999. Vgl. auch G. Lakoff / M. Johnson, *Metaphors We Live By*, Chicago 1980.
83 Vgl. M. Anderson, Embodied Cognition, *Artificial Intelligence 149* (2003), 91-130.
84 L. Barsalou, Perceptual Symbol Systems, *Behavioral and Brain Sciences 22* (1999), 577-660, insb. 580; ders., Grounding Cognition, *Annual Review of Psychology 59* (2008), 617-645. Vgl. auch A. Damasio, Time-Locked Multiregional Retroactivation, *Cognition 33* (1989), 25-62.
85 A. Goldman / F. de Vignemont, Is Social Cognition Embodied?, *Trends in Cognitive Sciences 13* (2009), 154-159; A. Goldmann, A Moderate Approach to Embodied Cognitive Science, *Review of Philosophy and Psychology 3* (2012), 71-88. Zur aktuellen Diskussion um die Idee einer »Mehrfachverwertung« neuronaler Strukturen vgl. auch M. Anderson, Massive Redeployment, Exaptation, and the Functional Integration of Cognitive Operations, *Synthese 159* (2007), 329-345; V. Gallese, Mirror Neurons and the Social Nature of Language, *Social Neuroscience 3* (2008), 317-333; S. Dehaene, *Reading in the Brain*, New York 2009; S. Hurley, The Shared Circuits Model, *Behavioral and Brain Sciences 31* (2008), 1-58.
86 A. Glenberg / M. Kaschak, Grounding Language in Action, *Psychonomic Bulletin and Review 9* (2002), 558-565.
87 D. Casanto / K. Dijkstra, Motor Action and Emotional Memory, *Cognition 115* (2010), 179-185.
88 M. Bhalla / D. Proffitt, Visual-motor Recalibration in Geographical Slant Perception, *Journal of Experimental Psychology 25* (1999), 1076-1096; J. Witt / D. Proffitt, Action-specific Influences on Distance Perception, *Journal of Experimental Psychology 34* (2008), 1479-1492.
89 Fodor 1983 (s. Anm. 3).

90 Brooks 1991, 141. Vgl. auch ders., *Cambrian Intelligence*, Cambridge (Mass.) 1999.
91 R. Brooks, A Robust Layered Control System for a Mobile Robot, *IEEE Journal of Robotics and Automation 2* (1985), 14–23.
92 R. Brooks, Elephants Don't Play Chess, *Robotics and Autonomous Systems 6* (1990), 3–15.
93 Brooks 1991.
94 Zum Beispiel S. Collins / M. Wisse / A. Ruina, A Three-dimensional Passive Dynamic Walking Robot, *International Journal of Robotics Research 20* (2001), 607–615.
95 Zum Beispiel D. Shaffer / M. McBeath / W. Roy / S. Krauchunas, A Linear Optical Trajectory Informs the Fielder Where to Run to the Side to Catch Fly Balls, *Journal of Experimental Psychology 29* (2003), 1244–1250; R. Pfeifer / J. Bongard, *How the Body Shapes the Way We Think*, Cambridge (Mass.) 2007.
96 A. Clark / J. Toribio, Doing Without Representing, *Synthese 101* (1994), 401–431.
97 Zum Beispiel Brooks 1991; Suchman 1987; T. Winograd / F. Flores, *Understanding Computers and Cognition*, Norwood 1986; W. Clancey, *Situated Cognition*, Cambridge 1997.
98 Zum Beispiel Clark 1997, 63.
99 Clark 2001, 141. Vgl. auch K. Beach, Becoming a Bartender, *Applied Cognitive Psychology 7* (1993), 191–204.
100 »We use intelligence to structure our environment so that we can succeed with *less* intelligence. Our brains make the world smart so that we can be dumb in peace!« (Clark 1997, 180)
101 Vgl. McClelland et al. 1986 (s. Anm. 46).
102 Ballard et al. 1997.
103 Kirsh/Maglio 1994, 541–542. Vgl. auch D. Kirsh / P. Maglio, Some Epistemic Benefits of Action, *Proceedings of the Fourteenth Annual Conference of the Cognitive Science Society*, Hillsdale 1992, 224–229.
104 A. Clark, *Microcognition*, Cambridge (Mass.) 1989, 64. Vgl. auch M. Rowlands, *The Body in Mind*, Cambridge 1999, 80.
105 L. Shapiro, James Bond and the Barking Dog, *Philosophy of Science 77* (2010), 400–418, insb. Abs. 6.
106 Brooks spricht von der Welt als »its own best model« (1991, 148).
107 Vgl. Clark 2001, 93; M. Mataric, Navigating with a Rat Brain, in:

J.-A. Meyer / S. Wilson (Hg.), *From Animals to Animats I*, Cambridge (Mass.) 1991, 169–175.

108 Zum Beispiel T. Martin / J. Keating / H. Goodkin / A. Bastian / W. Thach, Throwing while Looking through Prisms, *Brain 119* (1996), 1199–1211. Vgl. auch Clark 1997, 38.

109 Gibson 1979. Vgl. auch J. Fodor / Z. Pylyshyn, How Direct Is Visual Perception?, *Cognition 9* (1981), 139–196.

110 »[P]erceiving is a way of acting. Perception is not something that happens to us, or in us. It is something we do.« (Noë 2004, 1). Vgl. auch O'Regan/Noë 2001.

111 Zum Beispiel P. Bach-y-Rita, Tactile Sensory Substitution Studies, *Annals of the New York Academy of Sciences 1013* (2004), 83–91.

112 Noë 2004, 12; für die starke Lesart vgl. ebd., 25.

113 Vgl. Kirsh/Maglio 1994, 513–514; Ballard et al. 1997, insb. Abs. 4. Zu den genannten Repräsentationsbegriffen vgl. Clark 1997; R. Millikan, Pushmi-pullyu Representations, *Philosophical Perspectives 9* (1995), 185–200; R. Grush, The Emulation Theory of Representation, *Behavioral and Brain Sciences 27* (2004), 377–442.

114 A. Vera / H. Simon, Situated Action, *Cognitive Science 17* (1993), 7–48.

115 Clark/Chalmers 1998.

116 Vgl. Hurley 1998; R. Wilson, Wide Computationalism, *Mind 103* (1994), 351–372; ders., *Boundaries of the Mind*, Cambridge 2004; Rowlands 1999 (s. Anm. 104); R. Menary, Attacking the Bounds of Cognition, *Philosophical Psychology 19* (2006), 329–344; Chemero 2009; Clark/Chalmers 1998.

117 Clark 2008, insb. 198, vgl. auch 152–156.

118 Vgl. zum Beispiel T. Burge, Individualism and the Mental, *Midwest Studies in Philosophy 4* (1979), 73–121; H. Putnam, The Meaning of ›Meaning‹, in: K. Gunderson (Hg.), *Language, Mind, and Knowledge*, Minneapolis 1975, 131–193.

119 Zum Beispiel Adams/Aizawa 2008, 47.

120 A. Clark, Spreading the Joy?, *Mind 118* (2009), 963–993, insb. 986–987.

121 Zum Beispiel Clark 2008, Kap. 6.7.

122 Vgl. Adams/Aizawa 2008.

123 »If, as we confront some task, a part of the world functions as a

process which, *were it done in the head*, we would have no hesitation in recognizing as part of the cognitive process, then that part of the world *is* [...] part of the cognitive process.« (Clark/Chalmers 1998, 8)

124 S. Walter, Cognitive Extension, *Synthese 177* (2010), 285–300.

125 M. Wheeler, In Defense of Extended Functionalism, in: R. Menary (Hg.), *The Extended Mind*, Cambridge (Mass.) 2010, 245–270.

126 M. Sprevak, Functionalism and Extended Cognition, *Journal of Philosophy 106* (2010), 503–527.

127 Zum Beispiel Adams/Aizawa 2008, 61.

128 Zum Beispiel Clark 2008, insb. Kap. 6; S. Hurley, Varieties of Externalism, in: R. Menary (Hg.), *The Extended Mind*, Cambridge (Mass.) 2010, 101–154.

129 M. Sprevak, Inference to the Hypothesis of Extended Cognition, *Studies in History and Philosophy of Science 41* (2010), 353–362.

130 F. Adams / K. Aizawa, Defending the Bounds of Cognition, in: R. Menary (Hg.), *The Extended Mind*, Cambridge (Mass.) 2010, 67–80.

131 Clark 2008, 96.

132 Zum Beispiel M. Rowlands, Extended Cognition and the Mark of the Cognitive, *Philosophical Psychology 22* (2009), 1–19.

133 Zum Beispiel Adams/Aizawa 2008, insb. Kap. 4.

134 Zum Beispiel Clark 2008, 152–156, 198, 239; Chemero 2009, 212.

135 S. Walter / L. Kästner, The Where and What of Cognition, *Cognitive Systems Research 13* (2012), 12–23.

136 A. Clark, *Natural-Born Cyborgs*, Oxford 2003; Clark/Chalmers 1998, 17.

137 Vgl. Hutchins 1995.

138 Ebd., insb. Kap. 4.

139 Vgl. E. Hutchins / T. Klausen, Distributed Cognition in an Airline Cockpit, in: D. Middleton / Y. Engeström (Hg.), *Cognition and Communication at Work*, Cambridge 1996, 15–34; M. Ackerman / C. Halverson, Considering an Organization's Memory, *Computer-Supported Cooperative Work 7* (1998), 39–48; C. Baber / P. Smith / J. Cross / J. Hunter / R. McMaster, Crime Scene Investigation as Distributed Cognition, *Pragmatics and Cognition 14* (2006), 357–385.

140 R. Giere, Scientific Cognition as Distributed Cognition, in: P. Carruthers / S. Stich / M. Siegal (Hg.), *The Cognitive Basis of Science*, Cambridge 2002, 285-299; C. List, Distributed Cognition, in: M. Albert / D. Schmidtchen / S. Voigt (Hg.), *Scientific Competition*, Tübingen 2008, 285-308; B. Huebner, Genuinely Collective Emotions, *European Journal for the Philosophy of Science 1* (2011), 89-118.

141 Zum Beispiel J. Wertsch, *Voices of Collective Remembering*, Cambridge 2002. Zum Begriff des Kollektivgedächtnisses vgl. M. Halbwachs, *Les cadres sociaux de la mémoire*, Paris 1925.

142 Vgl. Barnier et al. 2008.

143 D. Wegner, Transactive Memory, in: B. Mullen / G. Goethals (Hg.), *Theories of Group Behavior*, New York 1986, 185-208.

144 Barnier et al. 2008, insb. 40-41.

145 Vgl. jedoch List/Pettit 2011.

146 D. Tollefsen, From Extended Mind to Collective Mind, *Cognitive Systems Research 7* (2006), 140-150.

147 Zum Beispiel Wilson 2004, Kap. 12 (s. Anm. 116); R. Rupert, Empirical Arguments for Group Minds, *Philosophy Compass 6* (2011), 630-639.

148 Wilson 2005. Vgl. aber List/Pettit 2011; G. Theiner / T. O'Connor, The Emergence of Group Cognition, in: A. Corradini / T. O'Connor (Hg.), *Emergence in Science and Philosophy*, London 2010, 78-117; R. Goldstone / T. Gureckis, Collective Behavior, *Topics in Cognitive Science 1* (2009), 412-438.

149 Zum Antiindividualismus vgl. zum Beispiel S. Goldberg, *Anti-Individualism*, Cambridge 2007; zur sozialen Erkenntnistheorie vgl. zum Beispiel A. Goldman / D. Whitcomb (Hg.), *Social Epistemology*, Oxford 2011; zur *theory of mind* vgl. zum Beispiel I. Apperly, *Mindreaders*, New York 2011.

150 H. Jonas, *The Phenomenon of Life*, New York 1963; H. Maturana / F. Varela, *Autopoiesis and Cognition*, Dordrecht 1980; F. Varela, *Principles of Biological Autonomy*, New York 1979; Merleau-Ponty 1945 (s. Anm. 79).

151 Stewart et al. 2010.

152 Varela et al. 1991, Kap. 7.

153 Maturana/Varela 1980, 13 (s. Anm. 150).

154 F. Varela, Patterns of Life, *Brain and Cognition 34* (1997), 72-84, insb. 75.

155 H. Maturana, The Organization of the Living, *International Journal of Man-Machine Studies 7* (1975), 313–332.

156 »[C]ognition is not representation but embodied action and [...] the world we cognize is not pregiven but enacted through our history of structural coupling.« (Varela et al. 1991, 200) Vgl. auch A. Weber / F. Varela, Life after Kant, *Phenomenology and the Cognitive Sciences 1* (2002), 97–125, insb. 116–118.

157 Thompson 2007, 44. Vgl. auch Varela 1979 (s. Anm. 150).

158 Zum Beispiel P. Bourgine / J. Stewart, Autopoiesis and Cognition, *Artificial Life 20* (2004), 327–345; Thompson 2007, 97–107.

159 E. Thompson, Reply to Commentaries, *Journal of Consciousness Studies 18* (2011), 176–223, insb. 215–216.

160 Zum Beispiel E. Di Paolo, Autopoiesis, Adaptivity, Teleology, Agency, *Phenomenology and the Cognitive Sciences 4* (2005), 429–452; Thompson 2007, 122–127.

161 Di Paolo 2005, 437 (s. Anm. 160); Weber/Varela 2002, 117 (s. Anm. 156).

162 E. Di Paolo, Extended Life, *Topoi 28* (2009), 9–21, insb. 15.

163 E. Di Paolo / M. Rohde / H. De Jaegher, Horizons for the Enactive Mind, in: Stewart et al. 2010, 33–88, insb. 40–42. Vgl. auch E. Thompson / F. Varela, Radical Embodiment, *Trends in Cognitive Sciences 5* (2001), 418–425.

164 J. von Uexküll, *Streifzüge durch die Umwelten von Tieren und Menschen*, Frankfurt a. M. 1934, 28–29. Vgl. auch ders., *Umwelt und Innenwelt der Tiere*, Berlin 1909.

165 Di Paolo 2009, 19 (s. Anm. 162). Vgl. auch Thompson 2007, 126 sowie Varela et al. 1991, 173.

166 Di Paolo et al. 2010, 42 (s. Anm. 163).

167 Varela et al. 1991. Vgl. auch Thompson 2007, Kap. 1.

168 Zum Beispiel Varela et al. 1991, xvi. Vgl. auch Merleau-Ponty 1945 (s. Anm. 79); Weber/Varela 2002 (s. Anm. 156).

169 Vgl. F. Varela, Neurophenomenology, *Journal of Consciousness Studies 3* (1996), 330–350; A. Lutz, Toward a Neurophenomenology as an Account of Generative Passages, *Phenomenology and the Cognitive Sciences 1* (2002), 133–167; A. Lutz / E. Thompson, Neurophenomenology, *Journal of Consciousness Studies 10* (2003), 31–52.

170 J. Petitot / F. Varela / B. Pachoud / J.-M. Roy (Hg.), *Naturalizing Phenomenology*, Stanford 1999.

171 Zum Beispiel M. Rowlands, Enactivism and the Extended Mind, *Topoi 28* (2009), 53-62.

172 E. Thompson, Sensorimotor Subjectivity and the Enactive Approach to Experience, *Phenomenology and the Cognitive Sciences 4* (2005), 407-427.

173 D. Ward / M. Stapleton, Es Are Good, in: F. Paglieri / C. Castelfranchi (Hg.), *Consciousness in Interaction*, Amsterdam 2012, 89-104; Thompson 2007, 36.

174 Thompson/Varela 2001, 418 (s. Anm. 163).

175 M. Wheeler, Minds, Things, and Materiality, in: L. Malafouris / C. Renfrew (Hg.), *The Cognitive Life of Things*, Cambridge 2010, 29-38.

176 Di Paolo 2009, 19 (s. Anm. 162). Vgl. auch E. Thompson / M. Stapleton, Making Sense of Sense-making, *Topoi 28* (2009), 23-30, insb. 26. Vgl. auch S. Walter, Situated Cognition: A Field Guide to Some Open Conceptual and Ontological Issues, *Review of Philosophy and Psychology* (2014).

177 Für eine Übersicht vgl. Wilutzky et al. 2011.

178 P. Niedenthal / P. Winkielman / L. Mondillon / N. Vermeulen, Embodiment of Emotion Concepts, *Journal of Personality and Social Psychology 96* (2009), 1120-1136; D. Effron / P. Niedenthal / S. Gil / S. Droit-Volet, Embodied Temporal Perception of Emotion, *Emotion 6* (2006), 1-9.

179 Zum Beispiel K. Scherer, What Are Emotions?, *Social Science Information 44* (2005), 695-729.

180 Zum Beispiel R. Lazarus, *Emotion and Adaptation*, Oxford 1991.

181 J. Prinz, Embodied Emotions, in: R. Solomon (Hg.), *Thinking About Feeling*, Oxford 2004, 44-61, insb. 57.

182 Griffiths/Scarantino 2009, 444 und 448.

183 Vgl. G. Colombetti / E. Thompson, The Feeling Body, in: W. Overton / U. Muller / Jenny Newman (Hg.), *Developmental Perspectives on Embodiment and Consciousness*, New York 2007, 45-68.

184 Vgl. A. Stephan / S. Walter / W. Wilutzky, Emotions Beyond Brain and Body, *Philosophical Psychology 36* (2014).

185 Vgl. G. Keil, *Willensfreiheit*, Berlin 2012; P. Bieri, *Das Handwerk der Freiheit*, München 2001.

186 Vgl. Ross et al. 2007.

187 Zum Beispiel D. Meyers, *Self, Society, and Personal Choice*, New

York 1991. Für die Idee von Selbstregulation als begrenzter kognitiver Ressource vgl. zum Beispiel R. Baumeister / N. De Wall / N. Ciarocco / J. Twenge, Social Exclusion Impairs Self-regulation, *Journal of Personality and Social Psychology 88* (2005), 589–604.

Kommentierte Bibliografie

Kapitel 1: Die traditionelle Auffassung von »Kognition«

Die Rede vom »Sandwichmodell« geht auf Hurley (1998) zurück, die Unterscheidung zwischen Rechen-, Algorithmus- und Implementationsebene auf Marr (1982); Strube (1996) gibt einen Überblick über zentrale Begriffe der Kognitionswissenschaft.

Hurley, S.: *Consciousness in Action*, Cambridge (Mass.) 1998.
Marr, D.: *Vision*, San Francisco 1982.
Strube, G. (Hg.): *Wörterbuch der Kognitionswissenschaft*, Stuttgart 1996.

Kapitel 2: Kognition als Symbolverarbeitung

Newell/Simon (1976) formulieren die *Physical Symbol Hypothesis*; Pylyshyn (1986) ist eine philosophische Verteidigung des Kognitivismus, Dreyfus (1992) sein bekanntester Kritiker; Searle (1980) enthält das *Chinese Room Argument*.

Dreyfus, H.: *What Computers Still Can't Do*, Cambridge (Mass.) 1992.
Newell, A. / Simon, H.: Computer Science as Empirical Inquiry, *Communications of the ACM 19* (1976), 113-126.
Pylyshyn, Z.: *Computation and Cognition*, Cambridge (Mass.) 1986.
Searle, J.: Minds, Brains and Programs, *Behavioral and Brain Sciences 3* (1980), 417-424.

Kapitel 3: Kognition als Aktivität in neuronalen Netzen

Rumelhart et al. (1986) ist der *locus classicus*, Bechtel/Abrahamsen (2002) eine philosophische Einführung, Fodor/Pylyshyn (1988) eine einflussreiche Kritik am Konnektionismus; Sejnowski/Rosenberg (1987) entwickeln *NETtalk*.

Bechtel, W. / Abrahamsen, A.: *Connectionism and the Mind*, Malden 2002.
Fodor, J. / Pylyshyn, Z.: Connectionism and Cognitive Architecture, *Cognition 28* (1988), 3-71.
Rumelhart, D. / McClelland, J. / PDP Research Group (Hg.): *Parallel Distributed Processing* (2 Bde.), Cambridge (Mass.) 1986.
Sejnowski, T. / Rosenberg, C.: Parallel Networks that Learn to Pronounce English Text, *Complex Systems 1* (1987), 145-168.

Kapitel 4: Kognition als Prozess in dynamischen Systemen

Van Gelder (1995) und (1998) sind zwei der wichtigsten *loci classici*, Port / van Gelder (1995) ist der einschlägige Sammelband; Thelen/Smith (1994) verteidigen den Dynamizismus aus der Perspektive der Entwicklungspsychologie, Chemero (2009) kombiniert ihn mit Gibsons Theorie von Affordanzen.

Chemero, A.: *Radical Embodied Cognitive Science*, Cambridge (Mass.) 2009.
Port, R. / van Gelder, T. (Hg.): *Mind as Motion*, Cambridge (Mass.) 1995.
Thelen, E. / Smith, L.: *A Dynamic Systems Approach to the Development of Cognition and Action*, Cambridge (Mass.) 1994.
Van Gelder, T.: What Might Cognition Be, if not Computation?, *Journal of Philosophy 91* (1995), 345-381.
Van Gelder, T.: The Dynamical Hypothesis in Cognitive Science, *Behavioral and Brain Sciences 21* (1998), 615-628.

Kapitel 5: Situierte Kognition

Clark (2001) ist eine klassische Einführung, die auch situierte Ansätze umfassend abdeckt; Robbins/Aydede (2009) ist aktuell der einschlägige Sammelband, Shapiro (2011) die derzeit beste englischsprachige Einführung; Wheeler (2005) vertritt einen situierten Ansatz mit phänomenologischen Elementen, Rowlands (2010) eine Kombination aus Verkörperlichung und Erweiterung.

Clark, A.: *Mindware*, Cambridge (Mass.) 2001.
Robbins, P. / Aydede, M. (Hg.): *Cambridge Handbook of Situated Cognition*, Cambridge (Mass.) 2009.
Rowlands, M.: *The New Science of the Mind*, Cambridge (Mass.) 2010.
Shapiro, L.: *Embodied Cognition*, London 2011.
Wheeler, M.: *Reconstructing the Cognitive World*, Cambridge (Mass.) 2005.

Kapitel 6: Die Rolle des Körpers

Brooks (1991) ist der *locus classicus* aus der verhaltensbasierten KI, Gallagher (2005) eines der neueren philosophischen Standardwerke. Die Arbeit von Lakoff/Johnson (1999) zur Verkörperlichung unseres Begriffsrepertoires ist ein Klassiker im Überschneidungsbereich von Philosophie und Linguistik.

Brooks, R.: Intelligence Without Representation, *Artificial Intelligence 47* (1991), 139–159.
Gallagher, S.: *How the Body Shapes the Mind*, Oxford 2005.
Lakoff, G. / Johnson, M.: *Philosophy in the Flesh*, Chicago 1999.

Kapitel 7: Die Rolle der Umwelt (I)

Suchman (1987) ist einer der *loci classici* aus KI-Perspektive, Clark (1997) aus philosophischer Sicht; Kirsh/Maglio (1994) prägten die Rede von epistemischen Handlungen, ihre Tetrisstudie war einflussreich; Ballard et al. (1997) geben einen Überblick über einschlägige Arbeiten aus der empirischen Wahrnehmungsforschung; Gibson (1979) ist der *locus classicus* für die ökologische Wahrnehmungstheorie, O'Regan/Noë (2001) für die sensomotorische Wahrnehmungstheorie, Noë (2004) eine Weiterentwicklung derselben mit stärker philosophischer Ausrichtung.

Ballard, D. / Hayhoe, M. / Pook, P. / Rao, R.: Deictic Codes for the Embodiment of Cognition, *Behavioral and Brain Sciences 20* (1997), 723–767.
Clark, A.: *Being There*, Cambridge (Mass.) 1997.
Gibson, J.: *The Ecological Approach to Visual Perception*, Boston 1979.
Kirsh, D. / Maglio, P.: On Distinguishing Epistemic from Pragmatic Action, *Cognitive Science 18* (1994), 513–549.
Noë, A.: *Action in Perception*, Cambridge (Mass.) 2004.
O'Regan, K. / Noë, A.: A Sensorimotor Account of Vision and Visual Consciousness, *Behavioral and Brain Sciences 24* (2001), 939–973.
Suchman, L.: *Plans and Situated Action*, Cambridge 1987.

Kapitel 8: Die Rolle der Umwelt (II)

Clark/Chalmers (1998) ist der *locus classicus*; Clark (2008) fasst die zentralen Argumente zusammen und verteidigt die Erweiterungsthese gegen Einwände; Adams/Aizawa (2008) und Rupert (2009) sind die wichtigsten Kritiker.

Adams, F. / Aizawa, K.: *The Bounds of Cognition*, Malden 2008.
Clark, A.: *Supersizing the Mind*, Oxford 2008.
Clark, A. / Chalmers, D.: The Extended Mind, *Analysis 58* (1998), 7–19.
Rupert, R.: *Cognitive Systems and the Extended Mind*, Oxford 2009.

Kapitel 9: Die Rolle des Sozialen

Hutchins (1995) ist der *locus classicus* für verteilte Kognition; Barnier et al. (2008) geben einen Überblick über relevante empirische Arbeiten in der Gedächtnisforschung; Wilson (2005) argumentiert für die *Social Manifestation Thesis* und gegen *group minds*, List/Pettit (2011) verteidigen *group minds*.

Barnier, A. / Sutton, J. / Harris, C. / Wilson, R.: A Conceptual and Empirical Framework for the Social Distribution of Cognition, *Cognitive Systems Research 9* (2008), 33-51.
Hutchins, E.: *Cognition in the Wild*, Cambridge (Mass.) 1995.
List, C. / Pettit, P.: *Group Agency*, Oxford 2011.
Wilson, R.: Collective Memory, Group Minds, and the Extended Mind Thesis, *Cognitive Processing 6* (2005), 227-236.

Kapitel 10: Die Rolle der Interaktion

Varela et al. (1991) ist der *locus classicus*, Thompson (2007) das aktuelle Standardwerk und Stewart et al. (2010) ein wichtiger aktueller Sammelband.

Stewart, J. / Gapenne, O. / Di Paolo, E. (Hg.): *Enaction*, Cambridge (Mass.) 2010.
Thompson, E.: *Mind in Life*, Cambridge (Mass.) 2007.
Varela, F. / Thompson, E. / Rosch, E.: *The Embodied Mind*, Cambridge (Mass.) 1991.

Kapitel 11: Kognition, Emotion, Motivation

Griffiths/Scarantino (2009) ist ein *locus classicus* im Bereich situierter Emotionen; Wilutzky et al. (2011) geben einen umfassenden Überblick; Ross et al. (2007) versammeln Arbeiten zu situierter Motivation.

Griffiths, P. / Scarantino, A.: Emotions in the Wild, in: P. Robbins / M. Aydede (Hg.), *The Cambridge Handbook of Situated Cognition*, Cambridge 2009, 437–453.

Ross, D. / Spurrett, D. / Kincaid, H. / Stephens, G. L. (Hg.): *Distributed Cognition and the Will*, Cambridge (Mass.) 2007.

Wilutzky, W. / Walter, S. / Stephan, A.: Situierte Affektivität, in: J. Slaby / A. Stephan / S. Walter / H. Walter (Hg.), *Affektive Intentionalität*, Paderborn 2011, 283–320.

Schlüsselbegriffe

Algorithmus Aus endlich vielen eindeutigen und ausführbaren Anweisungen bestehende Vorschrift zur Lösung einer Aufgabe.

Autopoiese/Autopoiesis Auf Humberto Maturana zurückgehender Ausdruck für die zirkuläre Selbsterschaffung bzw. Selbsterhaltung eines Systems; gilt in der Biologie als Organisationsprinzip lebendiger Systeme und wurde im Rahmen des Enaktivismus und der sogenannten Kontinuitätsthese von Leben und Geist zu einer der Grundlagen von Kognition.

Behaviorismus Von John Watson begründete Strömung in der Psychologie, die menschliches und tierisches Verhalten auf Erfahrung und Lernen zurückführt und durch eine Beschränkung auf messbare Reize und beobachtbare Reaktionen objektiv zu erfassen versucht.

Computation Algorithmischer Berechnungsprozess.

Computationale Theorie des Geistes Unter anderem von Jerry Fodor vertretene Position, wonach die (höheren) geistigen Leistungen zugrunde liegenden kognitiven Prozesse Abfolgen kausal verknüpfter mentaler Zustände sind, die symbolisch und formal sind, das heißt repräsentationale Zustände zum Gegenstand haben, aber nur von deren formalen Eigenschaften Gebrauch machen.

Emergenz/Selbstorganisation Die Hervorbringung und Aufrechterhaltung makroskopischer (höherstufiger) Zustände und Verhaltensweisen durch Prozesse einer niederstufigeren Organisationsebene, die auf diese rückwirken und sie so ihrerseits in ihrem Verhalten bedingen.

Funktionalismus Position in der Philosophie des Geistes, wonach ein mentaler Zustand relational durch seine funktionale oder kausale Rolle innerhalb eines Systems, das heißt durch seine Beziehung zu Input, Output und anderen mentalen Zuständen, individuiert wird.

Homunkulus Ein künstlich geschaffenes »Menschlein«; in der Philosophie wird Ansätzen, die geistige Leistungen auf physische Prozesse zu reduzieren beanspruchen, damit vorgeworfen, in ihren Erklärungen Mechanismen (»Homunkuli«) zu postulieren, die ihrerseits geistige Leistungen vollbringen müssen.

Informationstheorie Von Claude Shannon begründete Theorie der Darstellung, Speicherung und Übertragung von Information als binäre, rein technische Größe ohne semantischen Gehalt, die sich durch Methoden der Wahrscheinlichkeitstheorie und Statistik untersuchen lässt.

Leib Grundbegriff der Phänomenologie; als Medium, durch das wir ursprünglich in der Welt verankert sind, ist der Leib zum Beispiel für Maurice Merleau-Ponty die Grundlage unseres räumlichen und zeitlichen Seins in der Welt und soll so dazu beitragen, den klassischen Dualismus von Körper und Geist zu überwinden.

Phänomenologie Auf Edmund Husserl zurückgehende philosophische Strömung, die in den unmittelbar gegebenen Erscheinungen den primären oder gar einzigen Gegenstand der Wahrnehmung sowie den Ursprung aller Erfahrungserkenntnis sieht.

Philosophie des Lebens Kernstück des Werks von Hans Jonas; eine »phänomenologische Ontologie des Lebendigen«, die den Dualismus in der neuzeitlichen Philosophie überwinden soll.

Repräsentation Abbildung oder Symbolisierung eines Objekts (Gegenstands, Sachverhalts usw.) durch einen Stellvertreter; in der Philosophie des Geistes die Beziehung zwischen einem mentalen Zustand und dem Objekt, auf das er sich bezieht und das seinen intentionalen Gehalt darstellt.

Semantik Wissenschaft der Beziehung zwischen Sprache und Welt, die sich mit der Bedeutung und (kommunikativen) Funktion natürlich- oder formalsprachlicher Zeichen beschäftigt.

Syntax In der Grammatik die Satzlehre; für natürliche und künstliche Sprachen (Programmiersprachen, logische Kalküle usw.) die formalen Regeln zur korrekten Bildung wohlgeformter Ausdrücke durch Kombination atomarer Elemente.

Zeittafel

Die folgende Auswahl konzentriert sich auf wegweisende Publikationen und Ereignisse aus der ersten Generation der Kognitionswissenschaft und ihrer historischen Grundlegung; die wichtigsten Werke und Ereignisse der zweiten Generation sind im Haupttext und der kommentierten Bibliografie dokumentiert.

1879	G. Frege: *Begriffsschrift*, Halle 1879.
	Gottlob Frege entwickelt mit der formalen Logik und der Vorstellung, dass regelgeleitete Symboltransformationen semantische Merkmale abbilden können, die Grundlage der modernen Informatik.
1936	A. Turing: On Computable Numbers, *Proceedings of the London Mathematical Society 42* (1936), 230–265.
	Alan Turing führt den formalen Begriff der Turingberechenbarkeit ein und mutmaßt, dass genau die intuitiv berechenbaren Funktionen turingberechenbar sind (die »Church-Turing-These«), sodass eine universelle Turingmaschine alle vom Menschen algorithmisch berechenbaren Funktionen berechnen kann.
1943	W. McCulloch / W. Pitts, A Logical Calculus of Ideas Immanent in Nervous Activity, *Bulletin of Mathematical Biophysics 5* (1943), 115–133.
	Warren McCulloch und Walter Pitts legen mit ihren Koppelungen einfacher binärer Neuronenmodelle (sogenannte McCulloch-Pitts-Zellen) den Grundstein sowohl für den Kognitivismus als auch für den Konnektionismus.
1945	John von Neumann beschreibt in einem internen Arbeitsbericht der Universität Pennsylvania zu »First Draft of a Report on the EDVAC« (*Electronic Discrete Variable Automatic Computer*) die Architektur moderner Computer.
1948	N. Wiener, *Cybernetics, or Control and Communication in the Animal and the Machine*, New York 1948.

Norbert Wiener etabliert den Ausdruck »cybernetics« für die Untersuchung von Steuerungsprozessen in Menschen und sogenannten mechanoelektrischen Systemen und antizipiert dabei viele Themen der modernen Kognitionswissenschaft.

1949 D. Hebb, *The Organization of Behavior: A Neuropsychological Theory*, New York 1949.

Donald Hebb versucht den Brückenschlag zwischen Neurobiologie und Psychologie und formuliert die sogenannte Hebb-Regel, die besagt, dass die synaptische Verbindung zwischen wiederholt gleichzeitig aktiven Neuronen verstärkt wird, und ihn schließlich zum Entdecker der synaptischen Plastizität werden lässt.

1950 A. Turing, Computing Machinery and Intelligence, *Mind 59* (1950), 433–460.

Turing schlägt vor, einer Maschine dann Intelligenz zuzusprechen, wenn ein Mensch nicht zuverlässig entscheiden kann, ob er über Tastatur und Bildschirm mit der Maschine oder einem Menschen kommuniziert (= Turingtest).

1956 Am Dartmouth College findet die erste, von John McCarthy, Marvin Minsky, Nathan Rochester und Claude Shannon organisierte Konferenz zu *artificial intelligence* statt – ein Begriff, den Minsky im Jahr 1955 geprägt hat.

1958 F. Rosenblatt, The Perceptron, *Psychological Review 65* (1958), 386–408.

Frank Rosenblatt erweitert mit seinem Perzeptron die Funktionalität einfacher McCulloch-Pitts-Zellen um flexiblere Gewichtungen der Eingabesignale und ermöglicht so Netze, die anhand von Beispieldaten Gewichtungsvektoren lernen.

1959 N. Chomsky, *Verbal Behavior*, by B. F. Skinner, *Language 35* (1959), 26–58.

Noam Chomskys Besprechung von Skinners *Verbal Behavior* leitet das Ende des radikalen Behaviorismus im Sinne von John Watson und Burrhus Skinner und den Beginn der wissenschaftlichen Erforschung innerer kognitiver Prozesse ein, was später als »kognitive Wende« bezeichnet wird.

1967 U. Neisser, *Cognitive Psychology*, Englewood Cliffs 1967.

Ulric Neisser prägt den Ausdruck »kognitive Psychologie« und trägt entscheidend zu ihrer Etablierung als eigenständiger Disziplin mit kognitiven Prozessen als zentralem Forschungsgegenstand bei.

1969 M. Minsky / S. Papert, *Perceptrons*, Cambridge (Mass.) 1969.

Marvin Minsky und Seymour Papert zeigen, dass Perzeptronen Einschränkungen unterliegen, woraufhin bis zur (Wieder-)Entdeckung mehrschichtiger Netze in den 1980er-Jahren die Fördermittel für den Konnektionismus versiegen.

1975/1978 Die offizielle Geburtsstunde der Kognitionswissenschaft: Die *Alfred P. Sloan Foundation* fördert 1975 unter dem Stichwort »cognitive science« die Suche nach einer interdisziplinären begrifflichen und theoretischen Grundlage für die Erforschung geistiger Leistungen. Ihr Bericht 1978 stellt fest: »What has brought the field into existence is a common research objective: to discover the representational and computational capacities of the mind and their structural and functional representation in the brain.«

1982 D. Marr, *Vision*, San Francisco 1982.

David Marr formuliert mit seiner Theorie visueller Wahrnehmung ein Paradebeispiel kognitivistischer Modellierung und liefert mit seiner Unterscheidung von Rechen-, Algorithmus- und Implementationsebene ein (mit Einschränkungen) nach wie vor gültiges Modell der Analyse kognitiver Systeme.

1983 J. Anderson, *The Architecture of Cognition*, Cambridge (Mass.) 1983.

Anderson stellt mit seiner ACT-Architektur (*Adaptive Control of Thought*) ein klassisches kognitivistisches Modell menschlicher Kognition vor, das vollständig auf konditionalen Regeln der Form »Wenn A, dann B.« aufbaut.

1986 D. Rumelhart / J. McClelland / PDP Research Group,

Parallel Distributed Processing, 2 Bde., Cambridge (Mass.) 1986.
Die beiden PDP-Bände zeigen, wie erfolgreich mehrschichtige neuronale Netze in vielen Bereichen sind, und leiten so die Wiedergeburt des Konnektionismus ein.